Gudrun Weniger

DAS BLÖDE MONSTER KANN MICH MAL!

1. Auflage 2025

Mit Zeichnungen von Sarah Ottensmeier

Gudrun Weniger war viele Jahre als Grundschullehrerin tätig und hat die Corona-Pandemie im aktiven Schuldienst miterlebt. Sie gibt Einblicke in das Schul- und Familienleben in dieser Zeit und die damit verbundenen Ängste und Einschränkungen.

Sarah Ottensmeier lebt in Hildesheim und ist tätig als freie Künstlerin und Theatermalerin.

Gudrun Weniger

Das blöde Monster
kann mich mal!

Bibliografische Information der Deutschen Nationalbibliothek:
Die Deutsche Nationalbibliothek verzeichnet diese Publikation in der Deutschen Nationalbibliografie; detaillierte bibliografische Daten sind im Internet über http://dnb.dnb.de abrufbar.

Titel: Das blöde Monster kann mich mal!

Titelbild & Zeichnungen: Sarah Ottensmeier

Verlag: BoD · Books on Demand GmbH,
Überseering 33, 22297 Hamburg, bod@bod.de

Druck: Libri Plureos GmbH,
Friedensallee 273, 22763 Hamburg

ISBN: 978-3-8192-9476-1

Für Kilian und Melina und alle anderen Kinder,

die unter der Corona-Pandemie gelitten haben

Kein Ende in Sicht

Gemeinsam trotten sie immer weiter geradeaus. Es ist kühl und feucht hier. Die Taschenlampe, die Joris mitgenommen hat, erleuchtet den Weg vor ihnen ein wenig. Sie gehen eng beieinander und reden kaum, denn sie brauchen die Luft, um auf dem langen Weg nicht aus der Puste zu kommen. Da, Greta hört weit entfernt Schritte hinter ihnen. Sie wagt es nicht sich umzuschauen und greift nach Papas Hand, der neben ihr geht.

Weil sich die Schritte nähern, gehen sie schneller, beginnen sogar zu laufen. Aber sie kommen nicht von der Stelle, als ob Kaugummi unter ihren Sohlen kleben würde. Greta spürt den Atem, als sich eine Hand ihr von hinten nähert. „Nein!" schreit sie aus Leibeskräften, aber da bekommt sie schon keine Luft mehr, weil die Hand sich über ihren Mund gelegt hat und ihr auch die Nase zuhält.

Sie reißt die Augen auf und schaut verwirrt ihre Mutter an, die im Nachthemd im Zimmer steht. „Was ist passiert, Greta?", fragt sie erstaunt und nimmt das verängstigte Kind in den Arm. „Das Monster…", stammelt Greta, aber da beginnt sie auch schon zu weinen. Die ganze Anspannung löst sich in einem Strom von Tränen. Ihre Mutter nimmt sie auf den Arm und trägt sie ins große Bett. Sie streichelt Greta über den Rücken und erklärt ihr, dass das alles nur ein böser Traum war. „Morgen erzählst du mir, was du geträumt hast, jetzt schlafen wir noch ein bisschen", tröstet sie ihre Tochter, bis diese schließlich erschöpft einschläft.

„Was war eigentlich los mit dir?", fragt Papa Greta am nächsten Morgen. „Plötzlich drängelte da jemand im Bett rum." Obwohl es Mittwoch und schon halb 9 ist, sitzen alle fünf am Frühstückstisch. „Warum durfte Greta bei euch schlafen?", will Luisa wissen. Greta ist das Ganze eher peinlich, denn schließlich ist sie schon 8 Jahre alt und in der 2. Klasse. Die Kleinen müssen nicht wissen, dass sie heute Nacht bei Papa und Mama im Bett geschlafen hat. „Nichts", sagt sie deshalb nur und kaut weiter an ihrem Brötchen. Sie hatte Mama geholfen die Brötchen in den Ofen zu legen und den Tisch zu decken. Dabei hatte sie ihr von dem Monster erzählt, das sie in dem Tunnel verfolgt hatte. Joris und Luisa und auch Papa müssen das gar nicht wissen, haben die beiden verabredet, denn Papa macht sich sowieso immer um alles Sorgen.

Heute Morgen scheint es ihm besser zu gehen. Er hustet nicht mehr so stark und hat in der Nacht tief und fest geschlafen.

„Die brauchte mal Luftveränderung", meint Mama lächelnd. „Warum?", fragt Luisa schon wieder und bohrt ein Loch ins Brötchen. „Guck mal, ein Tunnel", sagt sie, hält es Joris direkt vor das linke Auge und schaut durch das Loch. Der schiebt sie verärgert zurück. „Lass mich", knurrt er. Dabei fällt das Glas um und die Milch läuft Greta über die Hose. „Ihr seid so doof", schimpft sie laut, als sie die Küche verlässt und in ihr Zimmer läuft. „Du bist aber gleich wieder da", ruft Papa ihr nach.

Das muss der gerade sagen, denkt Greta, der liegt doch selbst die meiste Zeit allein im Zimmer und bedauert sich. Das hat Mama jedenfalls gesagt. Sie zieht sich eine saubere Hose an, hat dann aber keine Lust mehr auf Frühstücken. Sie greift nach ihrem Lieblingskuscheltier Williums, drückt es fest an sich und legt sich auf ihr Bett.

Ein Tunnel, hatte Luisa gesagt. Ja genau, einen Tunnel wollten sie in ihrem Traum durchwandern. Das Gefühl von Enge, Kälte und Ausweglosigkeit kriecht ihr wieder den Rücken hoch. Wie in einem Tunnel fühlt sich Greta schon länger.

Angefangen hat es vor ziemlich genau einem Jahr. Die Osterferien wurden um drei Wochen vorverlegt und begannen schon Mitte März. Jedenfalls dachte Greta das zuerst. „Na gut, dann sehen wir uns eben 5 Wochen lang nicht in der Schule", hatten die Kinder gesagt. Ein bisschen schade war es schon, denn die Geschichte von Gackita und Kroberto wollten sie eigentlich noch gemeinsam in der Schule fertig hören und dann selbst spielen. Das wäre lustig geworden.

„Toll! Schulfrei! Dann können wir uns schon am Vormittag treffen, Nele. Wir fahren Inliner und zum Fußballspielen haben wir auch mehr Zeit", hatte Greta gemeint. „Oder wir gehen auf den Spielplatz und bei Regenwetter ins Schwimmbad", schlug Nele vor.

Da wussten sie aber noch nicht, dass sie zu Hause arbeiten sollten. Wegen Corona mussten alle Kinder zu Hause bleiben. Damit keiner die anderen ansteckt. Dabei hatten sich doch vorher schon alle angesteckt. Im Februar waren ganz viele Kinder aus Gretas Klasse krank gewesen mit Husten, Schnupfen, Fieber und sowas. Grippe, haben alle gedacht. Als sie wieder gesund waren, hatte dann der oberste Chef der Schulen entschieden, dass die Kinder zu Hause lernen sollten. Denn Corona war eine ansteckende Krankheit, die sich nicht ausbreiten sollte. Und Kinder sitzen ja immer dicht beieinander, hatte der wahrscheinlich gedacht.

„Wie soll ich denn zu Hause allein lernen", hatte Greta gefragt, „wenn Frau Minus uns nicht erklärt, wie wir es machen sollen? Wenn ich nicht neben Nele sitze und wir zusammen überlegen können?" Schließlich hatte sie zu Mama gesagt: „Na gut, dann erklärst du mir eben, wie ich den Unterschied zwischen 9 und 16 herausfinden kann und warum die Schwestern von Gackita so blöd sind." Ihre Mutter Kira war schließlich Lehrerin.

Noch schlimmer war, dass die Spielplätze abgesperrt und die Schwimmbäder geschlossen wurden. Im Fußballverein durfte nicht mehr trainiert werden. Sie durfte sich nicht einmal mit ihrer Freundin Nele treffen. Es war schrecklich und die Ferien waren so langweilig wie noch nie.

Danach ging es so weiter. Die Eltern holten in der Schule die Sachen ab, die sie arbeiten sollten. Greta drückt ihre kleine weiße Robbe Williums noch fester an sich und erklärt ihr: „Manche Sachen konnte ich selbst verstehen, manches aber auch nicht. Dann musste ich Papa fragen. Der war auch zu Hause, denn er machte Homeoffice. Das ist Englisch und bedeutet „Hausbüro". Er saß also in seinem Hausbüro mit den Kopfhörern auf den Ohren und entwickelte Software. Was das genau ist, weiß ich auch nicht, aber das geht wohl auch von zu Hause aus.

Lernen geht nicht von zu Hause aus, denn ich brauche jemanden, der es mir erklärt. Zum Beispiel was das Doppelte von 39 ist. Das haben wir in der letzten Woche gelernt. Das ist wie 39 + 39 oder 40 + 40 - 2, wenn ich es mir leichter machen will. Aber da kommt ja kein Kind von selbst drauf, das muss man erklärt kriegen. Oder warum Karni und Nickel sich so schrecklich zanken und wie sie wieder Frieden schließen können, darüber muss man reden. Zum Beispiel mit Nele und Marco. Lernen geht allein nicht, jedenfalls nicht, wenn man in der 2. Klasse ist. Ob es besser geht, wenn man älter ist, weiß ich nicht.

Zuerst sollten wir Opa und Oma nicht mehr treffen, weißt du das noch? Die sind nämlich schon alt und gehören zur Risikogruppe. Dann wird man schneller krank und stirbt. Papa wollte das so. Der hat am meisten Angst vor Corona. Im Fernsehen zeigten sie Bilder von dem Corona-Monster in groß: So ein fettes, rundes Vieh mit Antennen rundherum, das die Leute anfällt und krank macht und sterben lässt. „Viele werden sterben", hat Papa gesagt.

Oma glaubte das nicht, sie meinte, Corona ist wie irgendeine Grippe, und Opa hatte auch nichts dagegen, wenn wir zu ihnen kamen. Als wir Papa nach ein paar Wochen auf den Keks gingen, erlaubte er uns wieder Oma und Opa zu besuchen. Das war cool. Die gingen mit uns raus, machten Ausflüge mit Picknick und stellten ihr Auto einfach auf irgendwelche abgesperrten Parkplätze. Oma regt sich immer noch auf über die bescheuerten Vorschriften. Sie hat mehr Angst vor dem Polizeistaat als vor Corona, sagt sie.

Wenn mal wieder Unterricht in der Schule ist, müssen wir eine Maske tragen. Damit das Monster nicht durch die Nase oder den Mund reinkommt, wenn man atmet oder was sagt. Aber die Luft kommt auch nicht mehr so gut rein in die Nase und ich habe manchmal Angst, dass ich ersticke unter der Maske. Keine vernünftige Robbe würde sowas mitmachen, Williums, oder?" Sie hält Williums nur zum Spaß die Nase und den Mund zu, aber die Robbe schüttelt sich und kann sich befreien.

„Die Zwillinge haben es gut", erzählt Greta weiter. „Sie müssen keine Masken tragen im Kindergarten, weil man das ja kleinen Kindern nicht zumuten kann. Ich wäre lieber auch erst 4 Jahre alt, so wie Joris und Luisa. Sie dürfen immer in den Kindergarten in die Notbetreuung. Ich glaube, weil Papa keine Lust auf den Stress mit denen hat.

Mama arbeitet in der Schule. Sie gehört zu den relevanten Berufsgruppen, weil sie Lehrerin ist und andere Kinder betreuen muss, deren Eltern zu den relevanten Berufsgruppen gehören. Deshalb durfte ich später auch in die Notbetreuung in die Schule. Manchmal war das erlaubt, dann wieder nicht. Das änderte sich öfters. Wenigstens habe ich dann ein paar andere Kinder gesehen und was erklärt gekriegt, auch wenn es schade war, dass ich manche gar nicht mehr getroffen habe." Williums nickt zustimmend. Auch er vermisst bestimmt Nele.

„Wo bleibst du, Greta?", fragt Mama und öffnet die Tür zu ihrem kleinen Zimmer. „Und mit wem redest du?" „Mit keinem", behauptet Greta, „das kommt vielleicht von unten." Das kommt nicht von unten, weiß Kira, aber sie will Greta nicht in Erklärungsnot bringen. „Ja, vielleicht telefoniert Tessa", sagt sie.

Tessa und Norbert sind die Besitzer der Wohnung, in der sie seit einigen Jahren leben. Seit ein paar Monaten hat Tessa Krebse im Körper. Die fallen manche Menschen an und fressen sie von innen auf. Von außen kann man sie nicht sehen, denn Greta wäre das ja sonst schon aufgefallen. Gefährlich sind diese Krebse, mindestens so schlimm wie das Monster, aber nicht ansteckend. Zumindest behaupten ihre Eltern das. Deshalb müssen sie besonders vorsichtig sein, damit Tessa nicht auch noch Corona kriegt.

Die anderen sind inzwischen mit dem Frühstück fertig, die Zwillinge toben in ihrem Zimmer und Papa räumt das Geschirr in den Geschirrspüler. Ganz langsam wie in Zeitlupe bewegt er sich, denkt Greta. Ihn hat das Monster am schlimmsten erwischt. Er hustet viel und bekommt schlecht Luft.

Angefangen hatte es mit Husten und Schnupfen bei Joris und Luisa, dann wurden alle anderen auch krank. Jedenfalls waren sie positiv, hatte Doktor Bern mit einem Test festgestellt. War positiv nicht irgendwas Gutes? „Sei doch nicht so negativ", sagte Mama manchmal zu Papa, wenn dem etwas nicht passte und er rumnörgelte. „Denk doch mal positiv!" Greta verstand das nicht. Jedenfalls waren jetzt alle positiv, und das war negativ.

Normalerweise hätte ihre Mutter sie bei dem bisschen Husten und Schnupfen in die Schule geschickt und vor allem an die frische Luft, aber seit einem Jahr war alles anders. Jeder hatte Angst ansteckend zu sein oder sich bei anderen anzustecken. Deshalb wurden Masken getragen. Eigentlich immer und überall – atmen war an sich gefährlich.

Und nun waren sie schon seit einer Woche in ihrer kleinen Wohnung eingesperrt - Quarantäne hieß das. Sie sollten keine anderen Leute anstecken. Das hatten die Zwillinge aber wahrscheinlich schon gemacht, als sie bei Opa und Oma waren, weil der Kindergarten geschlossen hatte. Was, wenn die beiden nun sterben würden? Dann wären Luisa und Joris schuld daran und sie würden nie wieder an den Edersee fahren können. Mama und Papa finden es dort nämlich langweilig, aber Oma und Opa fahren oft mit ihnen dorthin. Und in diesem Sommer, das hatte Oma ihr versprochen, wollen sie zusammen zur Badeinsel schwimmen. Das schafft Greta nämlich inzwischen.

Papa schließt gerade den Geschirrspüler und hustet erneut. Mama schaut ihn besorgt an, sagt aber nichts, sondern wendet sich an Greta: „Was hältst du davon, wenn wir heute Vormittag Kekse backen? Die Zutaten müssten alle da sein. Schau doch mal im Schrank nach."

Mama gibt sich echt Mühe uns zu beschäftigen, denkt Greta, schiebt sich einen Stuhl an den Schrank und öffnet die obere Tür. Ja, Mehl, Zucker, Backpulver, gemahlene Nüsse, bunte Kugeln und sowas gibt es ausreichend. Papa hilft ihr, alles auf den Küchentisch zu stellen. Er sieht müde und traurig aus. Da kommen auch schon Joris und Luisa angerannt und wollen mitmachen. „Wo sind denn die Ausstechformen", will Joris wissen und reißt alle Schubladen und Schranktüren auf. „Wir müssen zuerst den Teig herstellen", erklärt Mama. „Reich mir doch mal die große Schüssel", sagt sie zu Papa, der sie hustend auf den Tisch stellt und dann wortlos die Küche verlässt.

„Geht es Papa wieder schlechter?", fragt Greta, erhält aber keine Antwort. Sie weiß, dass er sich ins Bett legen wird. „Wird er sterben?", wagt sie nicht zu fragen, denn gestern hatte sie mitgehört, wie Papa und Mama am Abend noch darüber geredet haben, dass sie aufschreiben wollen, was aus den Kindern werden soll, wenn sie im Krankenhaus liegen und vielleicht sterben müssen. Mit Catrin und Horst wollen sie klären, dass sie dann zu ihnen kommen.

Jeden Tag wird in den Nachrichten erzählt, wie viele Leute gestorben sind und manchmal passiert das auch ganz plötzlich. Das weiß Greta. Sie hat auch schon Bilder von schlimm Kranken im Krankenhaus gesehen. Aber heute Morgen will sie nicht daran denken.

Also legen sie los mit der großen Bäckerei. Obwohl bald Ostern ist, werden auch Sterne, Tannenbäume und Weihnachtsmänner ausgestochen.

„Guck mal, das Haus sieht aus wie Norberts Glitzerschuppen", meint Joris, der ein kleines Häuschen ausgestochen hat, es von den Teigresten befreit und sich diese in den Mund schiebt. „Seit wann hat der denn einen Glitzerschuppen?", fragt Greta und geht ans Fenster. Norberts Schuppen, den sie von dort aus im Blick hat, steht nach wie vor im Garten und sieht aus wie immer. Da muss Mama lachen.

„Oma hat Joris und Luisa die Geschichte vom Regenbogenfisch mit seinen Glitzerschuppen vorgelesen. Seitdem meint Joris, Norbert hätte auch einen Glitzerschuppen." „Das kriegen wir schon hin mit dem Glitzerschuppen", meint Greta und zeigt auf die bunten Perlen. „Wir verzieren dein Häuschen nachher." Die Idee will Luisa sofort umsetzen und greift nach den bunten Perlen. „Später, nach dem Backen", erklärt Mama. „Jetzt wird ausgerollt und ausgestochen." Nicht nur alle Ausstechformen werden ausprobiert, sondern auch eigene Erfindungen sind erlaubt. Joris und Luisa versuchen kleine Schweine wie Peppa Wutz zu formen, Greta backt zwei zankende Kaninchen mit langen Ohren. „Das sind Karni und Nickel. Die zanken genauso schlimm wie ihr", sagt sie zu ihren Geschwistern. Und für Papa formt sie einen Computer, den sie mit ganz vielen silbernen Kugeln verzieren will. Der wird sich aber freuen!

Bis alle Kekse gebacken und verziert sind, ist es schon Zeit ans Mittagessen zu denken. „Was wollen wir denn heute leckeres kochen?", fragt Mama.

Da klingelt es an der Haustür. Das könnte Nele sein, denkt Greta. Die Kinder ihrer Gruppe hatten heute vier Stunden Unterricht. Danach kommt Nele meistens direkt vorbei und bringt ihr die Sachen. Da sieht sie die Freundin auch schon auf dem Bürgersteig stehen. Mama hilft Greta das große Fenster zu öffnen, damit sie sich unterhalten können. Warm scheint die Sonne auf Gretas Haut und sie schiebt die Ärmel hoch. „Wie geht's dir heute?", will Nele wissen. „Geht so, ist halt langweilig", erwidert Greta. „Obwohl… wir haben Kekse gebacken. Und bei dir? Wie war es in der Schule?"

Nele beginnt zu erzählen: „Wir hatten heute Vertretung. Frau Minus hat auch Corona und die Gruppe 2 muss in Quarantäne, weil die am Montag bei ihr Unterricht hatten. Zum Glück sind wir in Gruppe 1. Am Freitag sollen wir alle getestet werden. Dafür kommen extra irgendwelche Leute vom Gesundheitsamt in die Schule."

„Gibt es Hausaufgaben?", ruft Greta ihr zu. „Ja, in Mathe ein Arbeitsblatt und in Deutsch auch. In Sachunterricht sollen wir uns Frühblüher anschauen und sie abmalen. Das sind so Blumen, die jetzt schon blühen", erklärt Nele. „Und ich habe dir auch aufgeschrieben, was wir in der Schule gemacht haben."

„Ok, leg die Sachen in den Briefkasten. Und danke. Hoffentlich ist das hier bald vorbei", sagt Greta. „Ja, tut mir echt leid für dich. Vor allem bei dem Wetter", meint Nele. „Ich rufe dich nachher nochmal an, dann hört wenigstens nicht die ganze Straße mit." Die Freundinnen winken einander zu und Greta schaut Nele noch nach, bis sie am Ende der Straße nach rechts abbiegt.

Wenn es wenigstens regnen würde! Aber heute scheint die Sonne und es ist perfektes Wetter, um draußen zu spielen. Mama spürt ihre Enttäuschung, nimmt sie in den Arm und tröstet sie: „Das werden wir zu Ostern alles nachholen!" „Ostern … Wann ist das denn?", fragt

Greta. Seit sie im Haus eingesperrt sind, hat Greta jedes Zeitgefühl verloren. Alle Tage scheinen gleich zu sein.

Sie hilft Mama noch ein wenig beim Kochen, während die Kleinen schon den Tisch decken. „Frag doch mal Papa, ob er was mitessen will", sagt Mama zu Greta. Die Zwillinge sitzen schon startklar auf ihren Stühlen und freuen sich auf ihr Lieblingsessen.

Leise öffnet Greta die Tür zum Schlafzimmer. Es ist dunkel und sie hört Papa leise atmen. „Schläfst du oder willst du was mitessen? Es gibt Fischstäbchen, Kartoffelbrei und grünen Salat ohne Tomaten. Und zum Nachtisch eine Überraschung von mir. Wir haben nämlich gebacken." Sie hört ihn grummeln: „Ich habe Kopfschmerzen. Vielleicht stehe ich nachher auf. Esst ohne mich." Enttäuscht schließt Greta die Tür und so bleibt Papas Platz am Tisch leer.

Während die Zwillinge nach dem Essen in ihrem Zimmer Mittagspause machen, kümmert Greta sich um die Hausaufgaben. Mama sitzt in der Nähe, trinkt Kaffee und liest etwas. Papa liegt immer noch im Bett.

„Zuerst Mathe", sagt Greta zu sich selbst und schaut sich das Arbeitsblatt an. „Das Doppelte – die Hälfte" liest sie und denkt: Also dasselbe wie gestern. Das Doppelte ist, wenn ich nur eine Schwester und keinen Bruder hätte und jeder von uns 10 Euro kriegt, dann hätten wir zusammen 20 Euro. Weil wir aber zu dritt sind, müssten wir 30 Euro kriegen, also das Dreifache, aber das ist Oma und Opa zu viel Geld, also bekommt jeder nur die Hälfte, das sind 5 Euro. Ziemlich schnell hat sie die Aufgaben gelöst und Mama ist stolz auf ihre Rechenkünste.

Nur die Hälfte von 92 scheint ihr unlösbar zu sein. Wie soll das gehen? Da sagt Mama ihr einfach das Ergebnis vor und sie schreibt die 47 nur noch hin.

Die Aufgabe in Deutsch findet Greta auch nicht schwierig. Hier sollen sie in einem Frühlingsgedicht Reimwörter ergänzen und es dann abschreiben. Schon bald ist sie damit fertig. Stolz fragt sie Mama: „Willst du ein Gedicht hören?" „Sehr gerne", antwortet diese, und schon geht es los:

„Frühling - von Heinz Erhard:

Wie wundervoll ist die Natur!

Man sieht so viele Blüten,

auch sieht man Schafe auf dem Flur

und Schäfer, die sie hüten.

Ein leises Lied erklingt im Tal:

Der müde Wandrer singt es.

Ein süßer Duft ist überall,

bloß hier im Zimmer stinkt es!"

Greta verbeugt sich vor ihrer Zuhörerin, diese lacht und applaudiert. „Super gelesen, Greta. Aber die Schafe sind nicht auf dem Flur, sondern auf der Flur. Das ist ein altes Wort und bedeutet sowas wie Wiese. Auf der Flur."

„Hat mich auch gewundert, was die Schafe im Flur machen“, antwortet Greta. „Dann habe ich das wohl falsch abgeschrieben.“ Sie verbessert die Stelle und schaut zufrieden auf ihr Werk.

Traurig wird Greta, als sie über die Hausaufgabe im Sachunterricht nachdenkt: Sie soll Frühblüher suchen und zeichnen. Wie soll das gehen? Soll sie mit dem Fernglas aus dem Fenster schauen und nach diesen Blumen suchen? Elli, die nette Nachbarin, und ihr Mann Wolle haben bestimmt solche Frühblüher. Oft besuchen sie die beiden in ihrem großen Garten. Aber nun darf keiner das Haus verlassen. Diese Quarantäne ist so gemein, wie im Gefängnis fühlt Greta sich. Ihr kommen die Tränen.

Kira blickt von ihrer Zeitschrift auf und nimmt Greta in den Arm. „Weißt du was, du malst eine Wiese mit Schafen und einem Schäfer. Das passt super zu dem Gedicht. Tulpen und Osterglocken schreibe ich noch auf die Einkaufsliste. Die will ich sowieso gleich Catrin schicken. Dann bringt sie uns einen Strauß von jeder Sorte mit und du malst sie später ab.“ Ein wenig getröstet packt Greta ihre Schulsachen wieder in den Ranzen, nachdem sie das Gedicht mit einem bunten Frühlingsbild verschönert hat.

Papa kommt leise herein und setzt sich zu Mama. „Trink mal was, Daniel, das spült die Viren weg“, meint sie. Aber der schüttelt den Kopf. Er hat wohl immer noch Schmerzen beim Schlucken. „Hochwertigen Alkohol, wie dein Bruder empfiehlt?“, fragt er und lächelt ein wenig. „Wasser ist doch auch was“, sagt sie und reicht ihm ein Glas. Schließlich trinkt er in kleinen Schlucken.

Greta freut sich, dass er aufgestanden ist und bei Mama sitzt. Sie hört die Zwillinge in ihrem Zimmer laut miteinander reden. Offenbar sind die Hörspiele zu Ende und sie haben ihre Kopfhörer zur Seite gelegt. Damit ist dann wohl ihre Mittagspause beendet.

„Dürfen wir Trampolin springen?", fragt Greta. „Na gut, aber pass auf Joris und Luisa auf, dass sie es nicht übertreiben. Sonst gibt das Wasserbett noch seinen Geist auf", antwortet Mama. So haben die beiden Zeit für sich, denkt Greta, und wir haben ein bisschen Spaß.

Sie macht die Rollos hoch, legt das Bettzeug zur Seite und führt ihren kleinen Geschwistern ein paar Turnübungen vor. Aber die wollen lieber selbst Trampolin springen und stehen schon ganz ungeduldig vor dem Fenster neben dem großen Bett im Elternschlafzimmer.

Joris drängelt sich als erster aufs Wasserbett, macht Sprünge fast bis zur Lampe und kündigt dann an: „Und jetzt ein Salto!" „Nein, lass das, das ist zu gefährlich", ruft Greta, aber da dreht er auch schon den Kopf nach vorne und landet auf dem Rücken. Zum Glück tut ihm nichts weh. Ein bisschen verärgert ist sie schon, denn schließlich soll sie als die Älteste auf die beiden Kleinen aufpassen.

Nun besteht Luisa darauf, dass sie an der Reihe ist. Missmutig überlässt Joris ihr den Platz. Schließlich versprechen alle drei einander, nicht so wild zu hüpfen und versuchen es gleichzeitig. Das klappt, wenn Greta auch fast mit Luisa zusammenstößt.

Als ihnen immer wärmer wird und sie aus der Puste kommen, beginnen alle drei zu husten. Das hat Mama offenbar gehört und beendet das Vergnügen. Sie schickt alle ins Zimmer der Zwillinge.

Die Sonne scheint warm hinein und sie öffnen das Fenster weit, weil Mama und Papa auch mit im Zimmer sind und darauf achten, dass Joris und Luisa keinen Unsinn machen. Papa flegelt sich in ein großes Sitzkissen und hält sein Gesicht in die Sonne. Greta holt ihm den gebackenen Computerkeks, den sie auf einen kleinen Teller gelegt hat, damit es nicht krümelt. Er lächelt Greta dankbar an und beißt sogar ein Stück ab. Da beginnt er wieder zu husten, steht auf und verlässt das Zimmer.

Joris nutzt den Moment, schnappt sich den Keks und steckt ihn sich komplett in den Mund. „Spinnst du, der gehört Papa", schimpft Greta und stürzt sich auf ihren kleinen Bruder, der zu Boden fällt. „Aua", heult Joris und fasst sich an den Hinterkopf, mit dem er an einen Stuhl gestoßen ist. Gretas Kunstwerk, der selbstgebackene Computerkeks, ist nicht mehr zu retten.

Wütend läuft sie aus dem Zimmer, schlägt die Tür hinter sich zu und legt sich auf ihr Bett. „Der ist so doof!", beklagt sie sich bei Williums. Die Robbe nickt verständnisvoll. Greta hört Mama mit Joris schimpfen, aber das ändert auch nichts mehr. Als Joris kurz darauf ihr seinen Glitzerschuppen anbietet und fast selbst dabei weint, kann sie ihm verzeihen und alle vier legen eine gemeinsame Kekse-mit-Kakao-Pause in der Küche ein.

„Du wolltest doch noch mit Nele telefonieren", wird Greta von Mama erinnert. „Mach das doch in Ruhe. Wir spielen ein bisschen mit den Schleichtieren auf dem Bauernhof", sagt sie zu Luisa und Joris. Während Mama Greta das Telefon reicht, stürmen die Zwillinge in ihr Zimmer und man hört, dass sie direkt die komplette Spielkiste ausschütten. Mama stöhnt ein bisschen, streicht Greta über die Haare und schließt leise die Tür.

Greta wählt Neles Nummer. „Ich hätte dich auch gleich angerufen, bin gerade zurück vom Inliner fahren. Hast du ihn gefunden?", fragt sie erwartungsvoll. „Wen denn?", will Greta erstaunt wissen. „Den Glücksstein, ich habe ihn in rotes Papier eingepackt", erwidert Nele. „Davon hat Mama nichts gesagt. Sie hat die Sachen aus dem Briefkasten geholt." Einen kurzen Moment überlegt Greta, dann sagt sie: „Bleib dran, ich schaue selbst nach." Denn das kann nun wirklich nicht warten.

Sie nimmt den Briefkastenschlüssel aus der Schublade, eine Maske vor Mund und Nase und läuft leise die Treppe hinab zur Haustür. Bei Tessa und Norbert ist es still. Vielleicht sind sie unterwegs. Tatsächlich, ein winziges rotes Päckchen liegt dort im Briefkasten. Mama muss es wohl übersehen haben. Bevor sie wieder den Telefonhörer in die Hand nimmt, packt sie es aus.

„Für meine beste Freundin Greta" steht auf einem Zettel und der Glücksstein ist ein ovaler Kieselstein, der mit einem Marienkäfer bemalt ist. Fast kommen ihr die Tränen vor Freude, denn seit der Quarantäne hatte sie befürchtet, dass sich Nele eine andere Freundin sucht. Aber das ist wohl doch nicht so.

„Ist der toll! Danke", sagt sie noch außer Atem. „Den habe ich extra für dich gemalt", erklärt Nele. „Er soll dir Glück bringen, damit du bald wieder gesund wirst und nach draußen kannst. Bei unserem alten Versteck habe ich heute was Interessantes gesehen", beginnt Nele zu erzählen und schon sind die Freundinnen in ein langes Gespräch vertieft. Ganz fest hält Greta dabei den Glücksstein in der Hand.

Als es an der Tür klingelt, schaut Mama kurz zu Greta herein. „Das wird Catrin sein mit den Einkäufen", sagt sie, nimmt sich eine Maske und geht zur Haustür. „Wir kriegen gerade unseren Einkauf geliefert", erklärt Greta Nele noch. „Da muss ich schauen, dass die Zwillinge sich nicht alles unter den Nagel reißen." Die Freundinnen verabschieden sich.

Den Glücksstein legt Greta noch schnell an einen sicheren Ort in ihrem Zimmer: In ein Schatzkästchen neben Williums. „Und du passt auf, dass den keiner klaut", sagt sie noch im Hinausgehen.

Mama und die Zwillinge stehen schon mit der Kiste mit den Einkäufen in der Küche. Leuchtend gelbe und rotweiße Blumen liegen obenauf. „Schau mal, das sind die Tulpen und Osterglocken", sagt Mama zu Greta und hält ihr die Sträuße entgegen. „Hol doch mal die Vase aus dem Schrank, vor dem du stehst", bittet sie Luisa, die nur noch die Tür öffnen muss und schon die Vase entdeckt. Joris schiebt einen Stuhl zur Spüle und füllt sie mit Wasser. Er kann hilfsbereit sein, denkt Greta.

Papa kommt herein und meint: „Was ist denn hier im Gange, ist schon wieder Weihnachten?" „Das nicht, aber der Abend ist gerettet, Daniel", sagt seine Frau und stellt zwei Flaschen Rotwein auf den Tisch. „Die Franzosen wissen doch, was gut ist." „Während die Deutschen lieber Klopapier horten", murmelt er.

Nun wird Joris ungeduldig, denn das Auspacken geht ihm nicht schnell genug. „Wo ist mein Geschenk?", will er wissen, beginnt in der Kiste zu kramen und schmeißt fast die Milch und das Öl hinunter. „Immer langsam, da ist es schon", sagt Mama, reicht ihm einen kleinen Traktor und glücklich verschwindet Joris im Kinderzimmer. Weil sie die letzten Tage so lieb waren, durften sie sich etwas wünschen.

Als Greta und Luisa das Bibi-und-Tina-Heft gefunden haben, ziehen auch sie sich zurück ins Kinderzimmer, flechten sich begeistert ein paar Bänder ins Haar und färben einige Strähnen violett. Eine kleine Schwester zu haben kann auch schön sein, denkt Greta. Dann schauen sie sich gemeinsam die Zeitschrift an und Greta liest Luisa eine Geschichte vor. Luisa wartet geduldig, wenn Greta ein Wort nicht sofort lesen kann. „Toll, ich will auch lesen lernen", sagt Luisa zum Schluss.

„Manchmal ist es besser, wenn man es nicht kann", sagt Papa, der gerade ins Zimmer kommt. „Warum?", will Greta wissen. „Weil Mama in der Zeitung gelesen hat, dass das Ostereierweitwerfen in diesem Jahr ausfällt. Und der Kirschenmarkt im Sommer ist auch abgesagt worden, zum ersten Mal seit der Pest in 1648." „Was?" Greta ist entsetzt. „Alles fällt aus, nichts Schönes gibt es mehr."

Aber was hat das mit der Pest zu tun? Ist das Monster so gefährlich wie die Pest? Von dieser schlimmen Krankheit hat sie schon gehört. Ganz viele Menschen sind vor langer Zeit daran gestorben.

Sie blättern noch ein bisschen im neuen Bibi-und-Tina-Heft, aber irgendwie macht es keinen Spaß mehr Luisa vorzulesen.

„Auf Leute, es gibt mal wieder was zu essen", lädt Daniel die Kinder ein. Greta schaut ihn glücklich an. Ob der Glücksstein schon wirkt? Und tatsächlich setzt er sich mit den Kindern und Kira an den Küchentisch und isst sogar ein bisschen was. Greta findet auch, dass er kaum noch hustet.

Während er die Zwillinge bettfertig macht, sitzen Mama und Greta am Küchentisch und betrachten die Blumen. Greta hat sich ein Zeichenblatt geholt und beginnt mit den Tulpen. Die Blüte ist einfacher zu zeichnen als die gelben Glocken. „Tulpen und Osterglocken können trotz der Kälte so früh blühen, weil ihre Kraft in einer Zwiebel gespeichert ist", erklärt Kira ihrer Tochter. „Krass, obwohl es nachts noch so kalt wird", meint Greta. Sie gibt Greta Tipps, wie sie die Glocken malen kann.

„Heute Nacht kannst du bestimmt besser schlafen", ermuntert sie Greta und legt die Hand auf ihre Schulter. „Ja, es war ein schöner Tag. Daran denke ich beim Einschlafen", nimmt sich Greta vor. Vor allem, weil ich einen Glücksstein geschenkt bekommen habe, denkt sie, aber davon erzählt sie Mama nichts. Das findet sie bestimmt nicht so toll.

Sie glaubt nämlich, dass Gott auf uns aufpasst und uns hilft; Papa denkt das eigentlich auch, aber so richtig vielleicht doch nicht mehr. Seit ewigen Zeiten gehen sie schon nicht mehr in die Gemeinde, es gibt keine Jungschar und keinen Kindergottesdienst, wo sie sonst gerne hingegangen ist. Gott hat sie bestimmt inzwischen vergessen und außerdem macht er ja auch nichts gegen dieses furchtbare Monster.

„Aber wenn ich wieder so schlimm träume, was dann? Wenn das Monster hinter mir her ist?", fragt Greta ängstlich ihre Mutter. „Du meinst, wenn es uns im Tunnel verfolgt?", will sie wissen. „Ja, wenn es mir wieder den

Mund und die Nase zuhalten will", erklärt Greta.

Besorgt nimmt Kira ihre Tochter in den Arm und erklärt: „Dann drehst du dich um, schaust es an und sagst: Stopp! Ich will das nicht! Verschwinde!" „Und das hilft?", fragt Greta zweifelnd.

„Überleg mal, wir haben jetzt alle fünf Corona bekommen. Aber so schlimm ist es doch gar nicht. Bald sind wir nicht mehr positiv und dann dürfen wir wieder an die frische Luft. Und du gehst in die Schule und triffst dich mit Nele zum Spielen am Nachmittag." Ja, eigentlich fühlt sich Greta nicht wirklich krank und Papa schafft das auch, denkt sie.

„Aber was ist mit den ganzen Verboten und Regeln, wenn es gar nicht so schlimm ist?", will Greta wissen. „Ich weiß es auch nicht", gibt Kira zu. „Manche Leute sterben wohl wirklich daran, aber oft haben sie dann auch noch andere Krankheiten", erklärt sie ihrer Tochter. „Ich will die Bilder im Fernsehen nicht mehr sehen von den dicken Leuten auf der Intensivstation, die von vier Pflegerinnen gewendet werden. Ich will nicht mehr hören, wie viele Leute mit Corona gestorben sind. Ich will keine Angst mehr haben, weil …", sagt Mama und ihre Stimme wird ganz komisch und sie schluckt.

Greta nimmt Mama in den Arm und gemeinsam weinen sie ein bisschen, bis sie hören, dass Joris und Luisa im Anmarsch sind, weil sie noch eine Gutenachtgeschichte hören wollen.

Heute darf Luisa auswählen, was vorgelesen wird. Sie mag im Moment „Das Neinhorn". Manchmal spielen sie die Geschichte gemeinsam mit verteilten Rollen. Dann will Joris immer der Wasbär sein, weil er einen Kuschelwaschbär hat, den er besonders mag. Und außerdem hört Joris auch ein bisschen schlecht, findet Greta. Heute lesen Mama und Papa sogar zusammen vor und verstellen dabei manchmal die Stimme. Das ist lustig. Zum Schluss sitzen alle fünf auf dem Fußboden als Neinhorn, Wasbär, Nahund und Königsdochter und Greta spielt eine

Warummel. Eigentlich würde diese viel besser zu Luisa passen, weil sie so oft „Warum?" fragt.

Während Mama Luisa und Joris ins Bett bringt, sitzen Papa und Greta noch auf dem Sofa. „Darf ich noch mit Opa und Oma telefonieren?", fragt Greta. „Wenn du möchtest", stimmt Papa zu und wählt für einen Videoanruf ihre Nummer.

Opa sitzt offenbar noch draußen auf der Terrasse und hat im Bollerofen ein Feuer angezündet. „Geht's dir besser, Daniel?", erkundigt sich Opa, der sehr erfreut ist, andere Leute zu sehen als nur seine Frau. „So allmählich, denke ich", antwortet er. „Greta will euch gerne sprechen", sagt er und reicht das Handy weiter an seine Tochter. „Ich bin in der Küche", sagt er, als er das Wohnzimmer verlässt.

„Ihr seid noch draußen?", wundert sich Greta, als sie die Terrasse erkennt. Es ist schon dämmrig, aber Opa und Oma sitzen anscheinend noch in ihrem Biergarten. So nennen sie ihren Garten manchmal, weil man dort so gut das Leben genießen und dabei ein Bier trinken kann.

„Ihr habt's gut an der frischen Luft", meint Greta. „Bisschen kühl ist es jetzt schon", gibt Opa zu, „aber tagsüber hat die Sonne richtig gewärmt. Und Oma hat sofort im Garten rumgemuckelt, das kennst du doch von ihr." „Ich sehe sie gar nicht", meint Greta. „Die will was zu essen holen", antwortet Opa, „wir haben also ein bisschen Zeit nur für uns." Er lächelt.

„Du siehst traurig aus, Greta", meint er und dann legt Greta richtig los. Fast muss sie weinen, als sie erzählt, dass Mama und Papa manchmal so schlimm zanken, dass Mama gesagt hat, sie wolle sich scheiden lassen, wenn das hier vorbei ist, dass Papa so oft im Bett liegt und vielleicht sterben wird, dass sie vielleicht Tessa anstecken, dass Opa und Oma vielleicht auch sterben werden, weil sie schon so alt sind.

Schließlich kann Opa sie beruhigen und ihr Mut machen. „Sehe ich so aus, als ob ich sterben würde?", fragt er erstaunt. „Oder Oma etwa?", fügt er hinzu, als diese mit einem Brettchen mit Wurst, Käse und Brot auftaucht. „Was, du willst sterben?", fragt sie Opa und gibt ihm einen Kuss. „Von wegen! Gewiss nicht, Greta, wie deine andere Oma sagen würde. Wir bekommen einen Genesenennachweis und müssen uns dann nicht impfen lassen. So gesehen hat es auch was Gutes, dass die Zwillinge uns angesteckt haben." Das hat Greta nicht erwartet. „Und unsere Tochter, deine Mutter, schafft das schon. Wenn es gar nicht mehr geht bei euch, können wir den Quarantäneort verlegen und ihr kommt zu uns."

„Das wird nicht nötig sein", wendet Opa ein, „in wenigen Tagen sind wir alle wieder negativ und können zusammen Ostern feiern." Er fügt hinzu: „Dein Vater braucht vielleicht ein bisschen länger, aber der ist auch bald wieder fit. Du wirst schon sehen, Greta. Schließlich wollt ihr im Sommer ins neue Haus einziehen. Alles wird gut, Greta."

Da wird es Greta ganz warm ums Herz und sie hat den Eindruck, dass der lange Tunnel doch ein Ende haben könnte. „Ja, darauf freue ich mich auch schon. Und das

Ostereierwerfen machen wir einfach zusammen auf der Wiese. Und Elli und Wolle frage ich, ob wir nicht doch mal in ihren Garten können, auch wenn wir noch positiv sind", sprudelt es aus Greta heraus.

„Was macht ihr denn für Pläne?", fragt Daniel, der mit einem kleinen Teller ins Zimmer kommt. „Lasst es euch schmecken", sagt er seinen Schwiegereltern, und reicht Greta den Teller mit den Apfelspalten. „Ebenso, und nie aufgeben", sagt Opa noch und sie beenden das Gespräch. Nachdem sie gemeinsam den Apfel verspeist haben, macht Greta sich auf den Weg ins Bad.

Als sie schon im Bett liegt, kommt Mama noch einmal herein. Ihren Glücksstein hat Greta aus dem Schatzkästchen genommen und hält ihn fest in der Hand. Die Robbe Williums liegt neben ihr. Mama setzt sich zu ihr auf die Bettkante. „Freust du dich auch schon auf den Sommer, Mama? Dann ziehen wir um ins neue Haus", sagt Greta. „Das wird schön." Kira nickt zustimmend.

„Und weißt du was, wir können doch Wolle und Elli fragen, ob wir mal in ihren Garten dürfen. Wenn sonst keiner da ist, können wir keinen anstecken. Vielleicht schon morgen, wenn wieder die Sonne scheint", schlägt Greta vor. „Gute Idee, das stimmt. Ich rufe sie nachher direkt an. Die haben sicher nichts dagegen und wir kriegen mal frische Luft", stimmt Mama zu. „Der Fußball muss mit und wir machen ein Picknick auf der Decke", überlegt Greta weiter. „Das sehen wir dann", sagt Mama, streicht ihr übers Haar und gibt ihr einen Kuss auf die Wange. Sie wünscht Greta eine gute Nacht mit schönen

Träumen, spricht noch ein Abendgebet und singt leise „Weißt du, wieviel Sternlein stehen" vor.

Greta drückt Williums fest an sich, spürt den kleinen Stein in der Hand und fliegt in Gedanken mit dem Marienkäfer über eine Löwenzahnwiese voller gelber Blüten, die sich wie viele kleine Sonnen der einen großen Sonne entgegenstrecken. „… kennt auch dich und hat dich lieb", hört sie Mama gerade noch singen, da ist sie auch schon eingeschlafen.

Gemeinsam trotten sie immer weiter geradeaus. Es ist kühl und feucht hier. Die Taschenlampe, die Joris mitgenommen hat, erleuchtet den Weg vor ihnen ein wenig. Sie gehen eng beieinander und reden kaum, denn sie brauchen die Luft, um auf dem langen Weg nicht aus der Puste zu kommen.

Da, Greta hört weit entfernt Schritte hinter ihnen. Sie wagt es nicht sich umzuschauen und greift nach Papas Hand, der neben ihr geht. Weil sich die Schritte nähern, gehen sie schneller, beginnen sogar zu laufen. Aber sie kommen nicht von der Stelle, als ob Kaugummi unter ihren Sohlen kleben würde.

Greta spürt den Atem hinter sich und drückt fest ihren Glückskäfer, den sie in der Hand hält. Sie bleibt stehen, dreht sich um und sieht … Nichts. Da ist niemand. Auch die anderen bleiben stehen, drehen sich um und Joris leuchtet mit seiner Taschenlampe auf den Weg hinter ihnen. „War das ein Windhauch?", fragt Greta.

„Bestimmt", meint Papa, „dann ist es nicht mehr weit bis zum Ende des Tunnels."

Nun können sie wieder langsamer gehen, atmen nicht mehr so hektisch und tatsächlich erkennen sie nach einer kleinen Biegung nach links einen hellen Schein in der Ferne.

Schon seit fast einer halben Stunde sitzt Joris auf seinem kleinen Gartenstühlchen auf dem Hof vor dem Haus und schaut die Straße hinunter. Die Sonne scheint, aber es ist noch kühl. Mama hat ihm geholfen, seinen Rucksack mit Proviant zu packen und sich passend anzuziehen.

Da, die Nuckelpinne von Oma kommt um die Kurve. Begeistert springt er auf und schnappt sich seinen Rucksack. Oma steigt aus, hat ebenfalls einen Rucksack dabei und umarmt Joris zur Begrüßung. „Stimmt's Oma, wir zwei sind negativ", sagt er freudestrahlend. Mama öffnet das Fenster, begrüßt Oma und wünscht den beiden viel Spaß bei ihrer Expedition. Dann wandern sie los. Greta und Luisa winken und schauen ihnen hinterher, bis sie am Ende der Straße abbiegen.

„Aber wir werden auch viel Spaß haben ohne den kleinen Chaoten", sagt Greta, als sie das Fenster wieder schließen, denn sie haben vor Ostereier zu färben. „Und bis Ostern sind wir anderen auch negativ", fügt Mama hinzu. „Hoffentlich!", sagen sie wie aus einem Mund.

Coronasommer

„Mach's gut, Papa, ich bin nach der 5. Stunde zurück", ruft Greta gerade, als die Haustür schon ins Schloss fällt. Sie geht die wenigen Stufen zur Straße hinunter, wo Nele bereits auf sie wartet, und die Freundinnen setzen sich in Bewegung Richtung Schule. Schon jetzt ist es angenehm warm. Es verspricht wieder ein heißer Sommertag zu werden.

„Wart ihr gestern eigentlich noch im Schwimmbad?", will Nele wissen. „Nee, meine Mutter hatte es sich anders überlegt. Sie meinte, es lohnt nicht mehr, wenn es erst um halb 4 wieder öffnet. Um 6 Uhr hatte sie noch einen Termin", antwortet Greta.

„Ist doch voll bescheuert. Man muss sich anmelden und in der besten Zeit von 2 bis halb 4 schließen die das Freibad einfach", meint Nele. Greta ergänzt: „Und mit Sicherheit passiert in der Zeit nichts. Oder glaubst du, der Bademeister putzt irgendwas?" „Garantiert nicht. Der schwimmt selbst und legt sich in die Sonne", sagt Nele.

Beide lachen bei der Vorstellung, dass Dodo, wie sie ihn heimlich nennen, ganz allein im Wasser ist und keine Kinder rumkommandieren kann. „Und Frau Gomez isst selbst ihre Pommes", reimt Greta.

„Vielleicht fahren wir heute zum Schwimmen", fügt sie hinzu und fragt: „Hättest du denn Zeit?" „Ja, Oma hat ja nicht jeden Tag Geburtstag. Das wäre doch cool", antwortet Nele. „Bestimmt treffen wir noch andere aus der Klasse“, ergänzt Greta.

Als sie in die nächste Straße einbiegen, sehen sie Marco und Jan in einiger Entfernung. Die beiden gehen auch in die 2. Klasse; sie scheinen zu trödeln und diskutieren heftig, so dass Nele und Greta sie bald eingeholt haben.

„Was habt ihr denn zu besprechen?“, fragt Nele neugierig. „Meine Eltern sind stocksauer, dass wir jetzt auch noch auf dem Schulhof die Maske tragen sollen“, erwidert Marco. „Ist ja auch bescheuert“, findet Greta, „mitten im Sommer bei der Hitze!“ Sie stöhnt bei dem Gedanken daran, den ganzen Vormittag mit Maske verbringen zu müssen. „Du musst sie halt nicht so dicht andrücken, dann kriegst du wenigstens ein bisschen Luft. Frau Minus ist das doch eh egal“, meint Nele.

„Das dürft ihr nicht. Das ist gefährlich für uns alle“, wendet Jan ein. „Oder wollt ihr, dass wir Corona kriegen und sterben?“, fragt er die anderen und blickt sie vorwurfsvoll an.

„Du spinnst doch, so gefährlich ist das nicht“, sagt Greta und fügt hinzu: „Wir haben es alle gehabt und es war wie eine Grippe. Also, was soll der Stress?“ „Aber es ist Vorschrift“, wendet Jan ein. „Und an Regeln muss man sich halten.“

Marco erwidert: „Nur wenn sie sinnvoll sind, sagt meine Mutter. Auf keinen Fall das eigene Gehirn ausschalten, findet sie. Das hat schon oft genug schlimme Folgen gehabt.“ „Was für schlimme Folgen denn?“, will Greta wissen, und Marco beginnt zu erklären, was seine Mutter damit meint.

Aber nun haben sie auch schon das Schulgelände erreicht, holen ihre Masken aus dem Ranzen, stellen diesen ab und spielen noch eine Runde Fangen.

„Ist das anstrengend", stöhnt Greta, die völlig außer Atem ist. „Du hast auch keine Kondition mehr", meint Nele. „Wie denn auch, wenn wir nicht mehr im Fußballverein trainieren dürfen", entgegnet Greta. „Geht mir ja nicht anders", lenkt Nele ein. „Ich bin nach so einem kurzen Sprint auch schon völlig fertig." Sie nimmt einen Schluck aus ihrer Trinkflasche, atmet tief durch und genießt für einen Augenblick die frische Luft.

Da ertönt der Gong, der den Unterrichtsbeginn ankündigt. In der Klasse angekommen, müssen erst einmal alle Kinder die Hände waschen. Das dauert, obwohl das Waschbecken im Nebenraum auch benutzt wird.

Karl steht hinter Greta und drängelt die ganze Zeit. „Ihr sollt Abstand halten", ermahnt Frau Minus die Kinder, aber das interessiert keinen. Dann würde die Schlange durch die ganze Klasse gehen und mit Sicherheit würden manche sich irgendwo dazwischen stellen und vordrängeln.

Greta trocknet gerade ihre Hände ab, da dreht Karl den Wasserhahn voll auf und es spritzt wie verrückt. „Spinnst du", schreit Greta, denn T-Shirt und kurze Hose sind ziemlich nass geworden. „Das trocknet schnell, es ist doch warm heute", beschwichtigt Frau Minus sie.

Schließlich sitzen alle Kinder startklar an ihren Tischen. Nun teilt die Lehrerin das Testmaterial aus.

„Ich bin geimpft und muss nicht mehr getestet werden", behauptet Lisa und schiebt das Röhrchen, den Test und das Wattestäbchen an den Rand ihres Tisches. „Das kann gar nicht sein", meint Jan, „die Corona-Impfung ist nur für Erwachsene." „Doch", erwidert Lisa, „wir waren gestern bei Dr. Bern und ich wurde geimpft." Sie ist verärgert, weil ihr niemand glaubt.

„Und wenn es so wäre, müsstest du eine Bescheinigung mitbringen", erklärt Frau Minus. Da beginnt Lisa in ihrem Ranzen zu wühlen und holt einen zerknitterten Zettel heraus. „Da", sagt sie triumphierend und hält ihn Frau Minus entgegen. „Das ist die Entschuldigung von

letzter Woche", erklärt diese, „schön, dass sie noch auftaucht." Sie schiebt Lisa das Testmaterial wieder rüber.

Also geht es los mit Nasebohren, Suppe durchrühren
und warten auf den Strich, der anzeigt, ob alle Kinder
heute in der Schule bleiben werden. Zum Glück hat niemand irgendwas runter geworfen oder ausgeschüttet,
denn dann dauert alles noch viel länger.

Endlich erklärt ein Kind das Datum, entscheidet, wer erzählen darf, und dann beginnt der eigentliche Unterricht.
Richtig viel Zeit bleibt nicht mehr für den Sachunterricht.
Das Arbeitsblatt über den Körperbau des Hundes müssen sie als Hausaufgabe fertig machen. Aber erst bis
übermorgen.

In der kurzen Erholungspause gehen Greta und Nele gemeinsam auf die Toilette. Auf dem Weg dorthin setzen
sie die Masken ab und genießen die Sonne und den leichten Wind.

Dann geht es weiter mit Religion. „Voll die fiesen Brüder", denkt Greta, als Frau Minus ihnen die Geschichte
von Josef weitererzählt. In Gruppen spielen sie die Situation, als Josefs Brüder beraten, was sie mit ihm tun wollen, während er im Brunnen sitzt. Als Frau Minus später
erklärt, dass sie ihn als Sklaven verkaufen, ist Henry begeistert: „Cool, für den Bruder auch noch Geld kassieren
und ihn loswerden. Super Idee!"

Sie reden noch ein wenig über Konflikte unter Geschwistern. Henrys Bruder scheint echt gemein zu sein, denkt
Greta. Da bin ich mit Joris und Luisa noch ganz gut dran.

Obwohl ein älterer Bruder auch nicht schlecht wäre, denkt sie, so wie bei Nele. Aber wie Lisa gar keine Geschwister zu haben, ist vielleicht auch ein bisschen langweilig.

„Frühstückspause in Gruppen", kündigt Frau Minus an und alle wissen Bescheid. Für den einen Teil der Kinder bedeutet es: Essen und Trinken mitnehmen nach nebenan, dort die Hände waschen und dann frühstücken. Der andere Teil der Kinder frühstückt in der Klasse. Wegen der Ansteckungsgefahr beim Essen ohne Maske muss der Abstand zwischen den Kindern groß genug sein, das hat Greta verstanden.

Im Nebenraum hat Frau Minus die Tische für die eine Gruppe passend mit Abstand hingestellt und schaut, dass jedes Kind einen Platz findet. Dann geht sie zurück in den Klassenraum.

Greta sitzt im Nebenraum am Tisch neben Marco; Nele, die im Klassenraum neben ihr sitzt, frühstückt dort. Als Marco seine Brotdose öffnet, schaut er enttäuscht auf den Inhalt. Greta bemerkt es und fragt: „Was ist denn?" „Mama hat mir Leberwurst aufs Brot geschmiert, voll ekelhaft!", antwortet er. „Die ist doch lecker", meint Greta, schnappt ihr Frühstück und setzt sich zu Marco rüber. „Nimm du doch mein Käsebrot, wir tauschen einfach."

Die Idee, das mitgebrachte Frühstück zu teilen oder zu tauschen, gefällt auch den anderen Kindern und so setzen sie sich gemütlich nebeneinander, bieten einander

Obst, Gemüse, Brot und Süßigkeiten an und reden dabei über ihre Pläne für den Nachmittag. So nett war es lange nicht mehr, denkt Greta. Eigentlich ist Karl doch gar nicht so schlimm. Meine Sachen sind wieder getrocknet und er hat voll leckere Gummifrüchte dabei.

Da kommt Frau Minus herein und fällt aus allen Wolken: „Das darf doch wohl nicht wahr sein!", schimpft sie los. „Was glaubt ihr eigentlich, warum ihr hier nebenan frühstücken sollt? Natürlich damit wir die vorgeschriebenen Abstände einhalten können, wenn keine Maske getragen wird!" „Das haben wir ganz vergessen", sagt Karl, „wir wollten nur nicht, dass Marco hungern muss." Frau Minus lächelt ein bisschen, denn insgeheim ist sie froh, dass wir hilfsbereit sind, denkt Greta. Sie lässt die Kinder fertig frühstücken.

Dann geht es ab in die Pause. Die war bisher das Beste an der Schule – mit den anderen Kindern Lavamonster spielen, Kutschen- oder Schubkarren-Wettrennen veranstalten, ein Fußballspiel gegen die B gewinnen, bei der Pausendisco zu ohrenbetäubender Musik tanzen oder bei Regenwetter Lego bauen. Aber all das ist nicht mehr erlaubt. – Was für ein Leben! – Was man darf? Sich mit Maske auf den Schulhof stellen oder ein paar Schritte gehen. Wie langweilig! Also ist es auch nicht schlimm, wenn die Pausen viel zu kurz sind – jedenfalls kamen sie in der ersten Klasse Greta immer viel zu kurz vor. Aber das ist lange her.

Zurück im Klassenraum müssen sie sich erst einmal die Hände waschen. Erschöpft sinkt Greta auf ihren Platz:

Noch keine 10 Uhr ist es und sie ist schon müde. Die Sonne knallt in den Klassenraum, es wird immer heißer. Sie fragt sich: Wie soll ich die 3 Stunden Unterricht noch schaffen?

Den anderen Kindern scheint es ähnlich zu gehen und auch Frau Minus stöhnt. Ab und zu stellt sie sich ans offene Fenster, nimmt die Maske ab und atmet kräftig ein. Sie ist schon so alt wie Oma, denkt Greta. Und dann muss sie uns noch allesmögliche erklären und aufpassen, dass keiner Unsinn macht. Das ist schon ohne Maske anstrengend genug.

„Ihr müsst viel trinken bei der Hitze", ermuntert sie die Kinder, als sie die Einkaufsspiele austeilt. Heute sollen sie mit dem Federball-Partner arbeiten. Immer zwei Kinder suchen sich einen gemeinsamen Platz, nehmen ihre Getränkeflasche mit und dann wird es doch nicht so anstrengend, wie Greta befürchtet hat. Denn trinken kann man nur ohne Maske und mit Marco arbeitet sie gerne zusammen. Der ist so süß, findet sie. Mit seiner riesigen Zahnlücke unten und den lockigen, braunen Haaren.

Gemeinsam überlegen sie, wie viel 45 ct + 19 ct sind und wie viel man zurückbekommt, wenn man mit einem Euro bezahlt. Voll die schwierige Aufgabe, finden beide, aber noch spannender ist die Frage, welche Süßigkeiten man für das Geld stattdessen kaufen könnte und warum eine Kugel Eis inzwischen so teuer geworden ist.

So vergehen die beiden Mathematikstunden wie im Fluge und heute verzichtet Frau Minus sogar auf

Hausaufgaben, weil es so heiß ist und vermutlich alle ins Schwimmbad wollen.

„Wir können ja morgen sagen, wie viel Geld man zurück kriegt von Frau Gomez, wenn man die Pommes Majo mit 5 Euro bezahlt", schlägt Marco vor. „Super Idee", stimmt Nele zu, „und dazu noch ein Eis." In Gedanken sind sie schon im Schwimmbad.

Greta nickt zustimmend. Aber erstmal müssen wir noch durchhalten, bevor die Masken auf dem Nachhauseweg im Ranzen verschwinden dürfen, denkt sie und wischt sich den Schweiß von der Stirn.

In der letzten Stunde kann Greta nicht mehr klar denken, so erschöpft ist sie von der Hitze. Und dabei auch noch Maske tragen! Gestern haben sie auf rote Herzen ihre Gedanken über „Verliebt sein" geschrieben und damit ein Plakat gestaltet. Heute bekommt jedes Kind ein Buch und sie beginnen es gemeinsam zu lesen.

Dieser Julius ist wirklich süß, denkt Greta. Fast wie Marco, aber nur fast. Dann sollen sie auf einem Arbeits- blatt genau beschreiben, wie Julius aussieht. Das ist nicht schwierig. Als sie mit den Aufgaben fertig sind, verglei- chen sie ihre Ergebnisse.

Nun soll Greta vorlesen. Zögernd beginnt sie. „Er hat dunkelbraune Haare und Locken ...", liest sie. Alle la- chen. Da merkt Greta selbst, dass sie Marco beschrieben hat und nicht den Jungen, um den es in der Geschichte geht. Ist das peinlich! Sie wird knallrot, vielleicht ist sie auch schon vorher knallrot vor Hitze. Marco wird auch ein bisschen rot. Verlegen schaut er auf sein Arbeitsblatt.

„Bei der Hitze kann kein Mensch mehr klar denken", sagt Frau Minus entschuldigend. „Wir lesen nochmal die Seiten im Buch und dann machen wir lieber Schluss für heute. Mir ist auch schon schwindelig." Sie nimmt einen großen Schluck Wasser. Vom Rest der Deutschstunde bekommt Greta nicht mehr viel mit.

Auf dem Weg nach draußen fragt Frau Minus: „Geht es dir wieder besser?" „Wird schon, wenn ich wieder atmen kann", antwortet Greta und beeilt sich, das Schulgelände zu verlassen.

Endlich dürfen sie die Masken absetzen. Die beiden Freundinnen gehen langsam nach Hause. Nicht einmal der Dackel Topsi aus dem Haus gegenüber, der sie mit wedelndem Schwanz begrüßt und sie ein Stück des Weges begleitet, kann sie aufheitern.

„Ich kann nicht mehr", stöhnt Greta und wird immer langsamer. „Nimm von mir einen Schluck Wasser, ich habe gerade noch was nachgefüllt", bietet Nele der Freundin an. Nach einem kräftigen Schluck sitzend im Schatten kann es weiter gehen. „Mach dir keinen Kopf, weil du Marco beschrieben hast", meint Nele, „der mag dich doch auch und findet dich cool. Und außerdem kann man bei der Hitze nicht mehr geradeaus denken, und dann noch diese Masken." Sie stöhnt.

„Trotzdem war das peinlich", wendet Greta ein, „alle haben gelacht." Nele bleibt stehen, schaut Greta an und sagt: „War ja auch lustig, weil es so klar war, wen du meinst. Dieser Julius aus dem Buch sieht völlig anders aus als Marco. Shit happens! So waren wenigstens alle wieder wach." Da muss Greta auch ein bisschen lächeln und kann sich verzeihen. Jeder macht sich mal zum Affen, denkt sie.

Zuhause angekommen wundert sich Greta, dass das Essen schon auf dem Tisch steht. „Ich konnte heute früher kommen, weil einer meiner Schüler krank geworden ist, den ich heute überprüfen wollte. So habe ich ein bisschen was umgeplant", erklärt Gretas Mutter.

„Dann klappt das mit dem Schwimmbad heute?", will Greta wissen. „Leider nicht", muss Kira zugeben, „denn ich habe eine Konferenz am Nachmittag übersehen. Zu ärgerlich! Aber wir können nach dem Essen bei Oma und Opa anrufen. Vielleicht fahren die zum Badeweiher und nehmen euch mit. Das wäre doch auch nicht übel, oder?" Greta überlegt: Vielleicht ist es gar nicht schlecht, wenn ich nach meinem peinlichen Auftritt die aus der Klasse heute nicht mehr treffe. Bis morgen in der Schule ist alles vergessen.

„Schade", sagt Greta, „wir können Oma und Opa fragen, ob sie das Paddelboot mitnehmen. Das ist immer lustig." „Ja, wir fahren Boot", ruft Joris begeistert und läuft los, um seine Schwimmweste zu suchen. „Du ziehst aber nicht meine an", erklärt Luisa und rennt hinter ihm her. „Wartet doch erst mal, was Oma und Opa sagen", ruft Kira hinter ihnen her, aber das hören sie schon nicht mehr.

„Wie war es in der Schule? Habt ihr Hausaufgaben?", will die Mutter wissen. „Ganz okay, nee, zum Glück nichts auf. Frau Minus war gnädig", antwortet Greta. Von dem peinlichen Auftritt in Deutsch erzählt sie lieber nichts. Vielleicht kann sie später mal Papa fragen, wie das ist, wenn man verliebt ist. Der ist schließlich ein Mann und weiß eher, wie es Marco dabei geht. Papa lassen sie etwas übrig von den Nudeln mit Käsesoße und dem Salat, denn er ist gerade in einer wichtigen Video-Konferenz, wie Mama ihnen erklärt. Aber heute Abend hat er bestimmt Zeit für Greta.

„So, nun rufen wir Oma und Opa an", sagt Mama nach dem Mittagessen. Sie ist froh zu hören, dass die beiden am Nachmittag Zeit haben. „Wir wollten sowieso zum Badeweiher", erklärt Opa, „bei der Hitze braucht man mal eine Erfrischung." „Können wir auch Boot fahren und angeln?", will Joris wissen. „Die Fische werden wir eh nicht erwischen, aber das Boot legen wir ins Auto. Wenn du beim Aufpumpen hilfst, Joris", sagt er lachend. So machen sie die Verabredung perfekt und tatsächlich taucht das Auto von Oma und Opa pünktlich um halb 3 vor dem Haus auf. Bei Nele hat Greta bereits angerufen und ihr alles erklärt.

Schließlich ist das ganze Gepäck verladen. Mama winkt ihnen nach und steigt dann selbst ins Auto. Sie ist glücklich, dass sie uns untergebracht hat und noch rechtzeitig zu ihrer Konferenz kommt, denkt Greta.

Als sie um die letzte Kurve biegen und der Badeweiher in Sichtweite ist, meint Oma erstaunt: „Hier ist ja heute nichts los. Bei dem Wetter so wenig Leute?" „Umso entspannter wird es für uns", meint Opa und hat sofort den idealen Parkplatz nahe am See gefunden. Mit Sack und Pack geht es der leicht geneigten Wiese entgegen, auf der hohe Bäume stehen, die Schatten spenden.

„Guckt mal, da hängen Schilder", bemerkt Greta und steht auch schon neben einem und liest laut vor: „Wegen der Pandemie ist das Baden am Stauweiher verboten! Die Gemeinde Bergenstedt"

„Das gibt's doch nicht!", ruft Oma aufgebracht, „in der letzten Woche war ich doch noch zum Schwimmen hier. Da war alles wie immer." Ratlos schaut sie Opa an. „Keine Ahnung, was das soll", sagt er und legt erst einmal das Gepäck auf die Wiese. „Was bedeutet das?", will Luisa wissen. „Dass wir hier nicht Baden dürfen wegen Corona", erklärt Greta, die Schlimmes ahnt.

Oma schaut sich um und entdeckt noch andere Badegäste. Sie geht zu einer älteren Frau, die im Badeanzug auf ihrer Decke sitzt und ein Buch liest. „Was soll das mit den Schildern?", fragt sie diese, „vor wenigen Tagen hingen die noch nicht."

Die Frau erklärt Oma verärgert: „Die spinnen doch von der Gemeinde. Sie wollen das ganze Gelände einzäunen und das Baden dann nur noch von 12 – 18 Uhr erlauben. Jemand wird am Eingang sitzen und die Badegäste zählen, damit sich hier nicht mehr als 500 Personen aufhalten." „So ein Schwachsinn", fällt Oma ihr ins Wort, „es waren noch nie so viele Menschen am See." „Ganz genau", stimmt die Frau ihr zu und ergänzt: „Seit meiner Kindheit gehe ich hier baden und ich werde es mir nicht verbieten lassen. Das ist ein Grundrecht."

„Ist denn die Inzidenz hier im Kreis so hoch?", will Oma wissen. „Sie liegt bei Null-Komma-Irgendwas", erwidert die Frau, „das ist hier die reinste Schikane." Mit diesen Worten steht sie auf und geht zum Badesteg. „Das Wasser ist herrlich", sagt sie noch, steigt die kurze Treppe hinunter ins Wasser und schwimmt los.

„Was ist denn ein Grundrecht?", will Greta von Oma wissen. Sie war mitgegangen und hatte sich die Unterhaltung angehört. „Frag Opa, der ist doch so schlau", versucht sie sich rauszureden. „Was denkst du, ist es ein Grundrecht, an einem verdammt heißen Tag in einen Badesee zu springen, in dem man auf eigene Gefahr badet und schon immer gebadet hat?", fragt sie ihn. Dieser ist etwas verwirrt und lässt sich erzählen, was die Frau zu berichten hatte.

Nach einer kurzen Beratung entscheiden Opa und Oma zu bleiben. „Schlimmstenfalls stecken sie Oma und mich ins Gefängnis", meint Opa grinsend. „Das wird dann noch schlimmer als Quarantäne. Ich beantrage besser eine Einzelzelle." Alle müssen lachen bei der Vorstellung, dass Oma und Opa in Handschellen abgeführt werden, weil sie verbotenerweise in einem See baden, in dem es sonst immer erlaubt war zu baden.

Es fühlt sich ein bisschen falsch an, denkt Greta, aber wenn sogar Opa dieses Verbot für idiotisch hält, dann wird es auch idiotisch sein. Denn Opa achtet sehr darauf, sich an Regeln zu halten, schließlich ist er Pastor. Außer beim Autofahren vielleicht.

Außerdem ist es tierisch heiß und sie freut sich auf die Erfrischung im kühlen Nass. Joris und Luisa quengeln schon die ganze Zeit, haben bereits ihre Badesachen angezogen und warten darauf, dass jemand ihnen die Schwimmflügel aufbläst. „Ihr wartet, bis wir uns alle umgezogen haben", sagt Opa, und das tun sie auch. Dann kann der Badespaß beginnen. Und was Grundrechte sind, frage ich nachher Papa, denkt Greta noch, als sie im kühlen Wasser abtaucht.

Nach einer kurzen Erholungspause mit Obst, Käsestangen und Getränken auf der Decke beginnen Opa und Joris das Schlauchboot aufzupumpen. „Komm Joris, ich löse dich mal ab", meint Greta nach einer Weile. Der Kleine hat Ausdauer, denkt sie und ist ein bisschen stolz auf ihren jüngeren Bruder.

Luisa lässt sich währenddessen von Oma eine Geschichte vorlesen, wo irgendein verrücktes Kind ständig blöde Sachen anstellt. Zwischendurch müssen alle immer wieder lachen.

Wegen der Pandemie
ist das Baden
am Stauweiher
! VERBOTEN !

Schließlich ist das Boot startklar und die Kinder auch. Die Zwillinge müssen Schwimmwesten tragen und Greta soll sogar Schwimmflügel anziehen, obwohl sie schon schwimmen kann. „Das ist zur Sicherheit. Weiter draußen ist der See tief. Auch wenn wir hoffen, dass Oma nicht rumzappelt und wir nicht kentern werden", meint Opa lachend. „Na gut", stimmt Greta schließlich zu. Sicherheit beim Baden ist wichtig, das hat sie inzwischen verstanden.

Endlich stechen sie gemeinsam in See, verscheuchen ein paar Enten, halten nach Fischen und Seeschlangen Ausschau, umfahren eine kleine Insel und erleben spannende Abenteuer wie echte Piraten. Bevor sie wieder anlegen, wollen Greta und Joris die letzten Meter selbst schwimmen und so gehen die beiden mit lautem Gekreische mit Oma über Bord. Luisa und Opa steuern das Boot gemeinsam an Land.

Ein bisschen komisch findet Greta es schon, mit so wenigen Badegästen sich den See und die Liegewiese zu teilen. Andererseits ist es cool, denkt sie, dass Oma und Opa auch auf ihre Grundrechte bestehen und sich nicht um das Badeverbot kümmern. Den Nachmittag am See können alle genießen und bald ist es Zeit für die Rückfahrt.

Mit den Worten „Ihr habt es richtig gemacht bei der Hitze" begrüßt Daniel seine Kinder und die Schwiegereltern, als diese erschöpft und glücklich am späten Nachmittag vor der Haustür stehen. „Echt jetzt?", meint Greta, die von ihrem Vater Bedenken erwartet hat. „Dein

Vater kennt doch noch gar nicht die ganze Geschichte", bemerkt Oma.

„Ihr braucht jetzt bestimmt eine Erfrischung", sagt Daniel und holt drei Flaschen Bier aus dem Kühlschrank und für jedes Kind einen fast gefrorenen Quetschie. Sie setzen sich nach draußen auf die Terrasse. Toll ist es hier, denkt Greta, gut, dass wir endlich im neuen Haus wohnen.

Sie beginnt zu erzählen – von den Schildern an den Bäumen, dem Gespräch mit der Frau, dem Grundrecht baden zu gehen, der Null-Komma-Irgendwas-Inzidenz … und schließlich den Abenteuern auf See. Als es Joris und Luisa langweilig wird, verschwinden sie im Wohnzimmer und spielen mit ihrer Kugelbahn.

„Wenn die Kinder mit euch unterwegs sind", sagt Papa zu Oma und Opa, „dann gelten eure Regeln und ihr trefft die Entscheidungen. Mutig, sich gegen sinnlose Vorschriften zu stellen." Das hat Greta nicht erwartet. „Cool Papa, du findest es also richtig, was wir gemacht haben, obwohl es verboten ist?" „Ja, aber man muss auch bedenken …", doch bevor er weitersprechen kann, fällt Greta ihm um den Hals und gibt ihm einen Kuss. „Du bist so cool Papa", sagt sie noch einmal, „ich guck mal, was Joris und Luisa anstellen." Mit diesen Worten verschwindet sie im Haus und verzichtet auf weitere Erklärungen.

Nachdem Papa im April erst nach 4 Wochen aus der Quarantäne entlassen worden war, hat er sich verändert, findet Greta. Damals hatte er zwar immer noch zu viele

Corona-Viren, wie Dr. Bern festgestellt hatte, aber damit Papa nicht völlig am Rad dreht, hatte der Arzt dann doch die Quarantäne aufgehoben. „Leute einsperren, sie nicht mehr an die frische Luft lassen, sie mit Bildern und Berichten ängstigen, das ist nicht hilfreich, wenn man krank ist und wieder gesund werden will", hatte Papa damals gesagt und fand seitdem einige Corona-Vorschriften nicht mehr so sinnvoll. Cool, dass er nicht sauer ist auf Oma und Opa, denkt Greta. Im Hintergrund hört sie die Großeltern noch mit ihrem Vater über die Pandemie reden, während sie sich zu Luisa und Joris im Wohnzimmer auf den Fußboden setzt und mit ihnen spielt.

Erst während des Abendessens, als Oma und Opa schon längst gefahren sind, kommt Mama von ihrer Konferenz zurück. Erschöpft wirft sie ihre Tasche auf das Sofa.

„Ich ertrage das nicht mehr", stöhnt sie und verschwindet im Bad. Sie lässt sich kaltes Wasser über die Hände laufen und schüttet sich eine ordentliche Ladung ins Gesicht. Ohne sich abzutrocknen geht sie an den Tisch, greift nach dem Wasser und nimmt einen kräftigen Schluck direkt aus der Flasche. „Diesen Schwachsinn ertrage ich nicht länger", sagt sie noch einmal.

Papa steht auf und nimmt sie in den Arm. „Jetzt bist du ja hier. Am besten stellst du dich im Garten unter die kalte Dusche. Dann kannst du wieder klar denken und der Rasen ist dir auch dankbar für jeden Wassertropfen." Erstaunt schaut sie Daniel an. „Das will ich auch!", ruft Luisa.

Die Kinder sind sogar noch schneller umgezogen als Mama und dann geht die Wasserschlacht richtig los, weil die Wasserspritzen zum Einsatz kommen. Klatschnass und erschöpft liegen später alle fünf auf der Terrasse.

„Du hast es leider nicht geschafft, dich rechtzeitig umzuziehen", sagt Greta zu Papa, aber dem scheint heute alles egal zu sein. Völlig durchnässt liegt er in T-Shirt und kurzer Hose auf den Steinplatten und genießt die Sonnenstrahlen.

„Von deinen kriminellen Eltern erzähle ich dir später", kündigt er Mama an und gibt ihr einen Kuss. „Ist mein Vater mal wieder geblitzt worden?", will sie wissen. „Nein, diesmal nicht, sie haben sich für das Grundrecht zu baden eingesetzt", erwidert er lächelnd. „Cool, da bin ich aber gespannt", meint sie und für einige Minuten ist es für Greta so, als gäbe es keine Pandemie, sondern nur die Sonne, die gute Luft, den leichten Wind und sie alle klatschnass auf der Terrasse.

„Papa, was sind eigentlich Grundrechte?", fragt Greta ihren Vater, als sie noch die Spielecke im Wohnzimmer aufräumen, während Mama die Zwillinge ins Bett bringt. „Hm, Grundrechte? Ich würde sagen, das sind besonders wichtige, grundlegende Rechte, die jeder Mensch hat oder haben sollte. Was denkst du denn, ist ein besonders wichtiges Recht? Was braucht jeder Mensch? Was ist für jeden wichtig?", fragt er Greta und wirft einige Duplosteine in die Spielkiste.

Greta überlegt einen Moment und antwortet dann: „Dass jeder sagen darf, was er denkt, ist wichtig. Dass man nicht gezwungen wird, irgendwas zu glauben. Dass man so leben darf, wie man es will. Dass andere einen nicht schlagen oder schlecht behandeln, finde ich auch wichtig." „Super Ideen hast du, Greta. Ich denke auch, dass das alles Grundrechte sind: Meinungsfreiheit, körperliche Unversehrtheit, Glaubensfreiheit. Und noch viel mehr. Und du hast ganz recht, dass das Recht des einen auch gleichzeitig etwas mit der Pflicht des anderen zu tun hat. Deine Freiheiten dürfen die Freiheiten des anderen nicht einschränken, weil wir ja nicht allein sind auf der Welt", erklärt Papa.

„Ihr habt doch auch Regeln in der Schule, an die sich alle Kinder halten." „Na ja, meistens. Ich bin freundlich, heißt eine Regel. Ich sage das, was wirklich passiert ist, ist auch eine Regel." „Siehst du, und eure Lehrerin hat euch bestimmt erklärt, warum solche Regeln wichtig sind. Genauso gibt es auch Regeln im Straßenverkehr oder in anderen Bereichen; das sind Gesetze, an die man sich halten soll."

„Aber wenn Regeln oder Gesetze dumm und unsinnig sind, was dann?", wendet Greta ein. „Du meinst das Badeverbot am See heute, oder? Na ja, grundsätzlich soll man sich schon an Regeln halten." „Aber Marco hat erzählt, dass seine Mutter gesagt hat: An unsinnige Regeln soll man sich nicht halten. Das kann sogar Schaden anrichten und gefährlich sein." „Damit meint sie Dinge, die vor vielen Jahren in Deutschland passiert sind. Da wurden schlimme Regeln und Gesetze aufgestellt, die sehr gemein waren und viel Unheil angerichtet haben. Deshalb sollte man nie seinen gesunden Menschenverstand ausschalten, sondern immer verantwortlich handeln." „Das hat Marcos Mutter auch gesagt", erinnert sich Greta. „Scheint 'ne schlaue Frau zu sein", entgegnet Papa schmunzelnd.

„Im Moment ist die Situation halt etwas schwierig wegen der Pandemie. Aber du hast schon recht, das Badeverbot ist unsinnig. Und im Freien eine Maske zu tragen mit Sicherheit auch. Wenn die Viren so gefährlich wären, wären schon viel mehr Menschen gestorben. Es ist gemein, was von den Kindern verlangt wird, vor allem, weil das Virus für Kinder gar nicht gefährlich ist." Greta ist froh, dass ihr Vater das so sagt. „Bestimmt sehen die Politiker das bald ein", sagt Papa noch und nimmt sie auf den Schoß.

„Ich merke doch, wie anstrengend so ein Schultag für dich ist. Und für Mama auch. Wir könnten höchstens Dr. Bern sagen, dass du keine Maske mehr tragen kannst und dann schreibt er dir eine Bescheinigung für die Schule." Greta überlegt, sagt dann aber: „Dann gucken mich alle in der Klasse komisch an und Jan behauptet wieder, dass das gefährlich ist und ich dann Schuld habe, weil andere sterben."

„Das ist ja nun wirklich Unsinn, genauso unsinnig wie die Statistiken der „mit Corona Verstorbenen". Wenn du von einem Auto überfahren wirst und zufällig auch noch coronapositiv bist, zählst du zu den Corona-Toten."

„Was?", fragt Greta, aber ihr Papa will ihr das nicht weiter erklären. Er scheint sich über sich selbst zu ärgern, dass er Greta davon erzählt hat.

„Vergiss es schnell wieder, darüber musst du nicht nachdenken. War es denn sonst ganz gut in der Schule?", lenkt er vom Thema ab. Da erzählt Greta ihm die ganze Geschichte mit dem Verliebtsein und sie können sich richtig gut unterhalten. „Lade den Marco doch mal ein, dann könnt ihr miteinander spielen", schlägt er vor. „Vielleicht am Wochenende. Oder wir verabreden uns mit der ganzen Familie. Dann können wir Eltern uns auch mal kennenlernen. Hat er denn Geschwister?" „Einen Bruder, der 5 Jahre alt ist, glaube ich", antwortet Greta. „Das passt doch gut", meint Papa.

Dann schweigen sie und schauen der untergehenden Sonne zu, wie sie im Westen hinter den Hügeln verschwindet.

Freedom-Day

Schon seit Wochen hat Greta sich auf diesen Tag gefreut und ihn geplant. Damit der Aprilscherz mit Papa funktionieren würde, musste sie darauf warten, dass seine Zahnpastatube leer ist. Die hat sie aufbewahrt und gestern präpariert.

„Iii gitt, was ist das denn!", ertönt es laut aus dem Badezimmer. Papa ist gerade dabei seine Zähne zu putzen. Erstaunt fragt Mama: „Was hast du denn für Probleme? Sitzt eine Kröte in der Badewanne?" Unschuldig steckt sie ihren Kopf aus der Duschkabine.

Die Zwillinge und Greta haben gespannt vor der Tür gewartet und nun stehen sie im Bad und lachen. „April, April!", rufen sie wie aus einem Mund. Papa schaut sie entsetzt an und spuckt eine weiße Masse ins Waschbecken. Mühevoll hatte Greta Mayonnaise in Papas

Zahnpastatube gefüllt. Das war gar nicht so einfach und deshalb hatte Mama ihr dabei geholfen.

Offenbar hatte er nichts bemerkt, als er die Paste auf die Zahnbürste drückte und im Mund verteilte. Nun lacht er mit und gratuliert ihnen zu dem gelungenen Aprilscherz. „Wartet mal ab, was euch noch bevorsteht", droht er. „Der 1. April hat gerade erst begonnen." „Da kann einiges passieren", fügt Mama hinzu und verschwindet wieder unter der Dusche.

„Zieh dir die Winterstiefel an", rät Mama Greta, als diese sich auf den Weg in die Schule machen will, „denn der April macht, was er will." „Und schickt uns nochmal Schnee", ergänzt Greta.

Joris hatte den Schnee als Erster entdeckt. Der Frühaufsteher war schon um 6 Uhr unterwegs ins Bad, hatte aus dem Fenster die weiße Pracht gesehen und sofort alle anderen geweckt. In den Kindergarten sollen die Zwillinge Schneeanzüge anziehen, denn es verspricht ein feuchtfröhlicher Tag im frischen Schnee zu werden. Während Mama für Joris und Luisa die passende Kleidung sucht, verlässt Greta mit einem „Tschüss bis heute Abend" das Haus. Sie darf nach der Schule mit zu Nele gehen und dort bis zum späten Nachmittag bleiben. Das wird lustig, denkt sie, denn sie wollen zwei Gummibärchenbäume für die Zwillinge basteln. Das Material dafür lagert bereits in Neles Zimmer.

Da kommt die Freundin auch schon die Straße hinunter. Greta begrüßt sie mit einem Schneeball, der sie jedoch knapp verfehlt. Blitzschnell formt auch Nele ein Geschoss und erwischt Greta an der rechten Schulter. „Moin", ruft sie der Freundin zu, „krasses Wetter!" Und schon laufen beide los in Richtung Schule.

„Schade eigentlich, dass Arzu wegzieht", meint Greta, „ich mag sie gerne." „Ja", stimmt Nele ihr zu, „ihr Vater hat eine Arbeit bei der Uni bekommen und deshalb haben sie sich dort in der Nähe eine Wohnung gesucht. Von hier aus ist der Weg zu weit, hat sie mir erzählt." „Umziehen kann auch echt toll sein, wenn man mehr Platz kriegt, wie bei uns letzten Sommer", meint Greta. „Aber ich konnte ja in meiner Klasse bleiben und vor allem können wir uns weiter jeden Tag treffen." „Das stimmt, da bin ich auch froh", erwidert Nele. „Aber Arzu schafft das in der neuen Schule. Sie kann gut anderen Kindern zuhören und lernt bestimmt schnell neue Freunde kennen."

„Schau mal, da ist sie mit ihrem Vater und dem kleinen Bruder. Ich wette, es gibt heute superleckere Muffins zum Abschied", bemerkt Greta, als sie auf dem Schulhof eintreffen und Arzu, den kleinen Hussein und deren Vater mit einem riesigen Tablett vor der Eingangstür entdecken.

„Noch besser finde ich, dass heute unser letzter Tag mit Maske ist", meint Nele. „Freedom-Day", ergänzt Greta. „Am Montag können wir die Teile der Mülltonne übergeben." Papa hatte Greta erklärt, dass ab Montag die Maskenpflicht in den Schulen und beim Einkaufen aufgehoben wird. Die Kinder- und Jugendärzte hatten sich dafür eingesetzt, dass die Schülerinnen und Schüler

endlich wieder frei atmen dürfen, hatte er erzählt. Endlich siegt die Vernunft, hatte Mama gemeint.

Sie stellen ihre Ranzen in die Reihe und los geht es zur
Rasenfläche vor dem Schulgebäude, wo noch am meisten
Schnee liegt und die anderen bereits spielen. So viel
Schnee hat es den ganzen Winter über nicht gegeben.

Das Händewaschen und Testen zu Beginn des Unter-
richts ist schon zur Routine geworden.

Am Sitzplatz müssen die Kinder seit einigen Wochen
keine Masken mehr tragen, nur noch, wenn sie aufstehen
und sich im Klassenraum bewegen oder im Schulgebäude. Warum das so ist, weiß niemand. Jedenfalls kann
es niemand vernünftig erklären, findet Greta. Denn wo
genau ist der Unterschied, ob sie am Platz mit einem halben Meter Abstand zu Nele und David sitzt und atmet
oder im Stuhlkreis sitzt und atmet oder sich etwas aus
ihrem Fach holt und atmet?

„Hauptsache wir knutschen nicht", hatte Henry neulich
gemeint, als Frau Minus ihnen die neuen Regeln erklärte.
Sie schien diese offensichtlich auch nicht zu verstehen
und daher ermahnte sie die Kinder auch meistens nicht,
wenn sie ohne Maske vom Platz aufstanden. Das tat
schon Jan, der immer noch vom Nutzen der Masken
überzeugt war. „Zieh deine Maske an", sagte er jedem
und jeder, oder: „Karl hat seine Maske nicht richtig über
der Nase." Das nervte. Ab Montag kann er freiwillig bis
zu seinem Lebensende Maske tragen, denkt Greta.

Heute haben sie in den ersten beiden Stunden Zeit, die Abschiedsgrüße für Arzu fertig zu basteln. Greta klebt ein rotes, aufklappbares Herz auf den grünen Hintergrund. Dort hinein schreibt sie mit bunten Farben ihre Wünsche für Arzu. Wir werden dich vermissen, schreibt sie noch und verschönert die Seite mit einigen Zeichnungen.

Als sie gerade einen Globus malt, wird sie aufgeschreckt durch einen Schrei von Lisa: „Hilfe, da ist 'ne Maus unter dem Regal!" Erschrocken springt sie auf den nächsten Stuhl. „Hier gibt's keine Mäuse", beruhigt Henry sie und schaut interessiert nach. „Nur 'ne Ratte", fügt er hinzu und präsentiert den anderen Kindern eine täuschend echt aussehende Gummiratte.

„Wer hat denn heute sein Haustier mitgebracht?", fragt Frau Minus streng und da wissen alle Bescheid: Sie hat die Ratte versteckt, um die Kinder am 1. April ein wenig zu erschrecken. „Eigentlich passt die eher in die Klasse von Frau Berger", fügt sie hinzu, „dort werden doch dauernd tote Mäuse gefunden." „Können wir nicht die Ratte in der Pause bei Frau Berger verstecken?", schlägt Marco vor. Frau Minus überlegt kurz und stimmt dann zu. Marco wählt Greta aus; die beiden dürfen in der Pause ein Versteck für die Ratte Ritchie suchen.

Nele ist schon fertig mit dem Abschiedsgruß für Arzu und arbeitet bereits an dem Bild mit Biba und seiner Perle, besser gesagt seiner nicht vorhandenen Perle, die so viel Unheil anrichten könnte, wenn in der Muschel tatsächlich eine wäre. „Der Biber sieht cool aus", lobt Greta

die Freundin, als sie dabei ist, ihre Kunstsachen aufzu-
bauen. „Ist gar nicht so schwierig", meint diese, „du
musst halt genug Farbe nehmen, damit auch noch was
für das Spiegelbild übrigbleibt." Während Greta das passende Braun mischt, malt Nele noch die Perle für den
Biba, der sich im See spiegelt. Danach hat sie Zeit, die
Freundin zu beraten, damit auch ihr Bild gelingt. Dabei
reden sie über ihre Pläne für den Nachmittag.

„Meine Mutter hat extra dicke Gummibärchen gekauft
für die Gummibärchenbäume für Joris und Luisa. Sie findet die beiden so süß", sagt Nele. „Ich schätze, die will
mit dabei sein, wenn wir den beiden die Bäume schen-
ken." „Aber vorher müssen wir die Gummibärchen irgendwie an den Ästen befestigen", meint Greta. „Mit einem fast unsichtbaren Nylonfaden können wir sie
anbinden, denke ich. Sowas hat Mama", erklärt Nele.
„Die werden nur dumm gucken, wenn da nie mehr ein
Gummibär nachwächst." „Sondern eher ein paar Blät-
ter", ergänzt Greta. Sie freuen sich schon auf die Überraschung für die Zwillinge.

Schon bald müssen sie aufräumen, damit vor der Hof-
pause noch genügend Zeit bleibt für ein ausgiebiges
Frühstück. Die Törtchen, die Arzu mitgebracht hat,
schmecken superlecker. Außerdem bekommt jedes Kind
von ihr zum Abschied einen bunten Flummi geschenkt.

Frau Minus bekommt ein Stuhlkissen überreicht. „Damit
du bequemer sitzen kannst", erklärt Arzu und lächelt
verschmitzt. „Oh danke, ihr seid so lieb zu mir", antwortet sie und probiert es gleich aus. „Perfekt, da gehe ich

keinen Schritt mehr", sagt sie entspannt. „Außer in die Pause", ruft Henry, weil gerade der Gong ertönt.

Greta und Marco warten noch mit Frau Minus, bis die Erstklässler von Frau Berger aus dem Flur in der Etage unter ihnen verschwunden sind. Dann schließt sie ihnen den Klassenraum auf. Marco und Greta überlegen kurz, wo ein guter Platz für Ritchie sein könnte. Zwischen all den Sachen auf Frau Bergers Tisch fällt die Ratte kaum

auf. Perfekt! Ob sie die Ratte überhaupt entdecken werden?

Und dann geht es ab ins Wintervergnügen! Die Kinder sind völlig aus dem Häuschen, weil so viel Schnee liegt und es noch immer schneit. Sie dürfen sogar auf den Sportplatz und nutzen das abfallende Wiesengelände für eine Rutschpartie auf dem Po. Natürlich nur, wenn man eine Schneehose anhat. Aber auch andere Vergnügen warten. Leider ist die Pause viel zu schnell vorbei.

In Mathematik hat Frau Minus verschiedene Stationen zur Symmetrie aufgebaut. Greta arbeitet mit Karl zusammen; der nervt zwar manchmal und hat nicht richtig Lust ernsthaft zu arbeiten, aber inzwischen schafft Greta es ganz gut ihn zu überzeugen, dass es Spaß machen kann, die Spiegelachse zu finden, damit das Bild von den verrückten Affen dem auf der Vorlage gleicht. Bevor die kurze Erholungspause beginnt, erfinden Greta und Karl noch interessante Muster, die sich im Spiegelbuch unterschiedlich häufig spiegeln, je nachdem, wie weit sie es öffnen.

Als Frau Minus in den Nebenraum geht, um das Material der Stationenarbeit aufzuräumen und einen Stuhlkreis zu stellen, ist die ideale Gelegenheit gekommen: Karl legt das Furzkissen, von dem er den anderen in der Pause erzählt hat, unter das Stuhlkissen von Frau Minus. Es fällt kaum auf, dass es in der Mitte etwas höher ist. Nun müssen sie nur noch warten, dass Frau Minus sich hinsetzt. Alle lachen laut, als das peinliche Geräusch ertönt und Frau Minus verdattert fragt: „Was war das denn?" Sie lüftet das Geheimnis und Karl holt beide Kissen ab. „Ach, sind die von dir?", will die Lehrerin wissen und schaut Arzu erwartungsvoll an. „Du brauchst doch kein Stuhlkissen", meint Arzu und überreicht ihr auch einen Flummi. „Cool", sagt Frau Minus und probiert gleich aus, ob er auch gut springt.

Bevor Arzu zum Schluss des Unterrichtstages verabschiedet wird, wollen sie eine Karte an Herrn Putin schreiben. Im Religionsunterricht haben sie eine weiße Taube auf ein großes Plakat geklebt und darüber einen Regenbogen gemalt. Ihre Wünsche für Frieden haben sie aufgeschrieben und dann in den Regenbogen geklebt – Wünsche für den Frieden in den Familien, mit Freunden, in der Klasse, dem Sportverein, dem Dorf und so immer weiter bis zu den Wünschen für Frieden in der ganzen Welt. Dabei haben sie auch über den Krieg in der Ukraine gesprochen.

Reihum lesen die Kinder ihre Wünsche noch einmal vor. „Ich wünsche mir, dass mein Bruder mich nicht mehr schlägt, wenn meine Eltern nicht da sind. - Es wäre schön, wenn wir in unserem Dorf noch mehr Feste haben, damit sich die Leute besser kennenlernen. - Es soll keine Kriege geben. - Jeder soll so leben dürfen, wie es ihm gefällt." Dann überlegen sie gemeinsam, was sie auf die Karte an Herrn Putin schreiben wollen. Schließlich einigen sie sich und formulieren die Bitte, dass er den Krieg beenden soll. Frau Minus verspricht, die Karte noch an diesem Tag zur Post zu bringen, so wichtig ist es den Kindern.

Ein bisschen traurig wird es schon, als alle im Stuhlkreis sitzen und Frau Minus Arzu das Buch mit den von ihnen gestalteten Seiten überreicht. Auf dem Titelblatt haben alle unter dem Klassenfoto unterschrieben. Ein Buchgeschenk bekommt Arzu von der gesamten Klasse und manche Kinder haben noch etwas für sie gebastelt.

Greta überreicht Arzu den Glücksstein mit dem Marienkäfer, der ihr vor einem Jahr so geholfen hat. Damals hatte Nele ihn ihr während der Quarantäne in den Briefkasten geworfen. Nun braucht Arzu ihn, findet Greta; Nele sieht das genauso.

„So lange hast du den aufbewahrt?", hatte die Freundin sich gewundert. „Na klar", hatte Greta geantwortet und fühlte sich zurückversetzt in die Zeit, als sie solche Angst vor dem Monster hatte.

Ganz ohne Tränen verläuft der Abschied nicht, aber schließlich kann man Arzu in der Kreisstadt besuchen, hatte Gretas Mutter gesagt.

„Ich habe noch eine Überraschung für euch", kündigt Frau Minus an, als alle schon zur Verabschiedung hinter ihren Tischen und den hochgestellten Stühlen stehen. „Wir werden im Juni für zwei Tage auf Klassenfahrt gehen ins Abenteuerdorf nach Homrighausen." Die Begeisterung der Kinder kennt keine Grenzen.

„Cool, die Pandemie ist vorbei." „Super, ohne Eltern und Geschwister." „Machen wir auch ein Lagerfeuer?" „Können wir nicht länger bleiben?" Tausend Fragen – keine Antwort. „Das besprechen wir alles später", sagt Frau

Minus. „Und du, Arzu, kannst mitkommen, wenn du magst.“ Zum Abschluss wünschen sich die Kinder und Frau Minus ein schönes Wochenende und freuen sich auf die maskenfreie Zeit ab Montag.

Als sie am Raum der 1. Klasse vorbeikommen, linst Greta noch schnell hinein. Die Ratte sitzt nicht mehr an der Stelle, die sie ausgewählt hatten. Dann hat die Überraschung wohl funktioniert, denkt sie. Auf dem Rückweg malen sie sich aus, wie Frau Berger wohl reagiert hat, was die ängstliche Laura gerufen hat und ob sie Verdacht geschöpft haben. Dann reden sie über die Klassenfahrt und was sie alles mitnehmen werden.

Bei Nele angekommen haben sie noch keine Lust ins Haus zu gehen. „Lass uns einen Schneemann bauen“, schlägt Nele vor. „Wir stellen ihn direkt vor die Haustür.“ „Super Idee“, stimmt Greta zu und schon legen sie los. Für Augen, Nase und Mund müssen ein paar alte Blüten herhalten, die seit dem Herbst noch an den Sträuchern hängen. Die Arme werden mit Schnee angedeutet. Nun schnell geklingelt und dann hinter der Hausecke versteckt.

„Hallo, Herr Winter“, begrüßt Neles Mutter den Schneemann, „kommen Sie doch rein. Das Mittagessen steht schon fertig auf dem Tisch. Aber bitte keine Pfützen auf dem Fußboden.“ Da müssen Greta und Nele lachen und kommen aus ihrem Versteck hervor. Die Spaghetti mit Tomatensoße können auf keinen Fall länger auf sie warten. Sie quetschen sich an dem Schneemann vorbei. Fast wäre er umgefallen und im Flur gelandet.

Für Luis und Neles Vater lassen sie noch einen kleinen Rest übrig. Dann legen sie direkt los mit den Gummibärenbäumen für Luisa und Joris.

Neles Mutter hat bereits einige Zweige vom Apfelbaum abgeschnitten. Diese werden nun in Blumentöpfe mit Gartenerde gesteckt. Dann beginnt eine mühsame Arbeit. Auch wenn die Gummibärchen größer sind als in den üblichen Packungen, ist es sehr zeitaufwendig, jeden einzeln mit einem Nylonfaden festzubinden. Zwischendurch wandert der eine oder andere Gummibär in den Mund.

„Nicht, dass ihr alles wegesst", ermahnt Neles Mutter die beiden. „Im April sind halt noch nicht so viele Gummibären reif", erwidert Nele und steckt sich noch einen gelben in den Mund. Die mag sie am liebsten. Nach fast zwei Stunden anstrengender Arbeit sind die Bäume schließlich fertig. „Lass uns nochmal raus gehen", meint Greta, „das Wetter ist so genial."

Vor der Haustür treffen sie nicht nur Herrn Winter, sondern auch Luis, der versucht, an dem Schneemann vorbei den Schlüssel ins Schloss zu stecken. „Hi, Greta und Nele, habt ihr den gebaut?", fragt er die Freundinnen. „Wirf ihn bloß nicht um", ermahnt Nele den Bruder. „Wenn du zu dick bist, musst du halt durch den Keller gehen." „Jetzt sei nicht frech, kleine Schwester", antwortet Luis und drängelt sich am Schneemann vorbei ins Haus. „Ihr habt mir hoffentlich noch was vom Mittagessen übriggelassen", sagt er noch, als die Tür schon ins Schloss fällt.

Und ab geht es ins späte Wintervergnügen. Sie schnappen sich die Schlitten, die noch im Keller stehen. „Vielleicht sind die anderen aus der Klasse auch am Rodelhang", meint Nele. „Das wäre cool", antwortet Greta.

Als es fast dämmrig wird, treten sie den Rückweg an. „Voll krass, so ein Wetter am 1. April! Den Tag vergessen wir so schnell nicht, schätze ich", sagt Greta. „Hat voll Spaß gemacht mit den Jungs", meint Nele, „hoffentlich gibt es keinen Ärger mit Mama."

Als sie wenige Minuten später erschöpft und glücklich an der Haustür klingeln, erfahren sie, dass Neles Mutter schon gewartet hat. „Du sollst spätestens um 6 Uhr zu Hause sein, Greta, am besten schnappen wir uns schnell die Gummibärenbäume und du dir deinen Ranzen, dann passt das noch." Bis zu Gretas Zuhause ist es nicht weit.

 Joris öffnet die Haustür und staunt Bauklötze. „Wo habt ihr die denn gekauft?", fragt er erstaunt, als er die Gummibärchenbäume sieht. „Da mussten wir schon ein wenig suchen", behauptet Nele, „aber für Luisa und dich haben wir das gerne gemacht."

„Luisa, für dich gibt es auch einen", ruft er ins Haus und schaut sich beide Bäumchen genau an. „Deiner hat mehr rote Bärchen, ich nehme den mit den vielen grünen." Sofort eilt sie herbei und nimmt den zweiten in Empfang. „Ihr seid so lieb", bedankt sie sich.

Da steckt Mama den Kopf aus der Haustür: „Ach, ihr seid es." Das Lachen kann sie sich kaum verkneifen, als sie die Gummibärenbäume sieht. „Wollt ihr kurz reinkommen?", fragt sie noch, als Joris und Luisa schon im Haus verschwunden sind. „Nein, Nele ist pitschenass und Greta wahrscheinlich auch. Schönen ersten April noch", verabschiedet sie sich von den beiden.

„Und feiert noch den Freedom-Day", ergänzt Nele. „Ist ja eigentlich erst am Montag", meint Greta, „aber wegschmeißen können wir die Masken heute schon, denn wir werden sie nicht mehr brauchen."

Tatsächlich feiern sie am Abend noch den Freedom-Day mit Kindersekt und Knabbereien.

„Der Spuk hat ein Ende", sagt Papa erleichtert und prostet den anderen zu. „Endlich keine Masken mehr tragen", ergänzt Mama, „und keine Monster, die uns die Luft zum Atmen nehmen." „Was denn für Monster?", fragt Joris interessiert, springt begeistert auf und versucht Luisa zu erschrecken, indem er sich auf die Zehenspitzen stellt, die Arme hebt und sie mit lautem Gebrüll von hinten um den Hals fasst. „Lass das", schimpft Greta, „das ist nicht lustig." Aber mehr möchte sie nicht erzählen und Mama tut es offenbar leid, dass sie das Monster überhaupt erwähnt hat.

„Wisst ihr noch, wie Opa und Oma verbotenerweise mit euch im See gebadet haben?", versucht sie vom Thema abzulenken. Und schon geht es los mit Geschichten und Erlebnissen aus den letzten beiden Jahren. „Wie gut, dass keiner von uns gestorben ist", sagt Greta erleichtert, als sie sich all die schrecklichen Bilder und Nachrichten noch einmal vor Augen führen. Da guckt Papa ganz komisch und Mama schaut ihn vorwurfsvoll an, als ob sie denkt: Da siehst du, was du mit deinem Gerede angerichtet hast.

Alle fünf umarmen sich erleichtert, Mama schenkt den restlichen Sekt aus und bevor es ins Bett geht für die Kinder, zünden sie noch eine Rakete im Garten, die Papa aufgehoben hat für den Freedom-Day, den Tag, an dem die Pandemie vorbei ist.

„Endlich wieder frei!", rufen sie gemeinsam, als die Rakete in den Himmel steigt und ein bunter Sternenregen auf sie fällt. „Jetzt ist es vorbei mit dir", murmelt Greta, als sie das Monster platzen sieht. „Das blöde Monster kann mich mal!"